취업하려고 이력서
1,000번 써봤니?

취업하려고 이력서 1,000번 써봤니?

시행착오를 단축시키는 취업의 기술

정성원 지음

슬로디미디어

CONTENTS

프롤로그 _ 006

01 취업하려고 **이력서 1,000번** 써봤니?

대한민국 취업의 온도 _ 013
그 많던 일자리는 누가 다 먹었을까? _ 018
취업하려고 이력서 몇 번 써봤니? _ 023
당신을 채용해야 하는 이유는 무엇인가? _ 029
인사담당자는 몇 통의 지원서를 받을까? _ 034
취업이 안 되는 이유는 내 안에 있다 _ 040
취업은 B와 D 사이 C이다! _ 046

02 취업은 **성적순이** 아니다

취업은 성적순이 아니다 _ 055
당신이 취업이 안 되는 진짜 이유 _ 060
입사의 기준은 도대체 무엇일까? _ 066
취업에 대한 고정관념을 깨라 _ 070
취업에서 수저의 색깔은 중요하지 않다 _ 077
취업에도 밀물과 썰물이 있다 _ 083
생각을 바꾸면 취업이 쉬워진다 _ 088

03 취준생들이 놓치는 취업 **성공공식**

취업에는 추월차선이 없을까? _ 097
취업시장에 대한 오해 _ 102
취업준비생들이 말하는 뻔한 핑계 10가지 _ 108
취업의 비법은 면접관이 되는 것이다 _ 114
이력서 지원은 양보다 질이다 _ 119
나만의 필살기로 바위를 내려쳐라 _ 124

스트레스 없이 취업하는 법 _ 129
취업은 철저히 전략이다 _ 135

04 합격을 부르는 **취업의 기술**

인사담당자를 유혹하는 지원동기 작성법 _ 143
중학생도 감동하도록 자기소개서를 적어라 _ 149
스펙이 아닌 스토리로 프리패스하라 _ 155
5W1H로 서류전형을 통과하는 법 _ 161
'기승전결'이 아닌 '결승전결'로 답하라 _ 167
겸손하지만 당당하게 말하라 _ 173
면접을 즐길 수 있는 8가지 노하우 _ 178
프레젠테이션으로 나의 취약점을 파악하라 _ 185
취업스터디 100배 활용법 _ 191
합격을 부르는 취업의 기술은 따로 있다 _ 197

05 취업은 **끝이 아닌** 시작이다

취업 전은 '전반전'이고 입사 후는 '후반전'이다 _ 205
합격하는 것만큼 버티는 것도 중요하다 _ 210
취업에 성공했다고 인생이 성공한 것은 아니다 _ 215
취업 준비하듯 인생 계획을 세워라 _ 220
취업할 때만 공부하지 말고 평생 공부하라 _ 224
입사 후에도 '이미지 메이킹'에 신경 써라 _ 229
돈 버는 기계가 아닌 꿈꾸는 사람이 되어라 _ 235
취업은 끝이 아닌 시작이다 _ 240

에필로그 _ 244

프롤로그 prologue

최종 합격 시기를 앞당기고 싶다면 전략부터 세워라!

청년 취업 절벽 시대라는 뉴스는 끊이지 않고 들려온다. 취업준비생들은 눈물 나게 노력하고 대한민국 정부는 수많은 지원과 정책을 내놓고 있음에도 문제는 쉽게 풀리지 않는다. 세계 경제대국인 대한민국에서 청년들이 일할 자리가 없다는 점은 항상 의문이다.

나도 한때 취업정보 사이트에서 채용공고 페이지를 하루도 빠짐없이 눌러봤기 때문에 취업준비생들의 답답함을 누구보다도 잘 알고 있다. 암흑 같은 취업준비 기간이 약 2년 동안 계속되었다. 수백 번을 지원했지만 돌아오는 결과는 불합격 통지서뿐이었다. 그 당시 '도대체 무엇이 잘못되었을까?'라는 질문보다 '정말 취업이 되기는 되는 걸까?'라는 의심이 나를 더욱 힘들게 만들었다. 계속 되는 불합격 소식에 절대로 하면 안 되는 생각도 가끔 내 머릿속에서 떠올랐다.

'태어났으면 언젠가는 죽을 것인데 70년 후에 죽든 내일 죽든 과연 무엇이 다를까?'

웃으며 지원해주는 가족들에게는 도저히 힘들다고 말할 용기가 나지 않았고, 친구들도 똑같이 힘들었기 때문에 혼자 속으로 삭이는 수밖에 없었다. 2,000만 원이 넘는 학자금 대출이 있었고 사랑하는 가족들이 있었다. '취업을 포기하려고 4년 동안 그토록 열심히 공부한 것일까?'라는 생각에 포기할 용기가 있으면 그 용기로 더 열심히 준비하자고 다짐했다.

다짐 후 가장 먼저 찾은 곳은 대형 서점이었다. 취업에 관련된 모든 책들을 살살이 훑어봤다. 자기소개서 작성법에 관련된 책도 찾았고 면접 노하우가 숨겨진 책들도 찾아보았다. 몇 권 안 되는 책이었지만 직무와 분야가 다양했기 때문에 내가 바로 적용할 수 있는 책은 없었다. 그러나 독하게 취업준비를 해보자고 먹었던 마음으로 책들을 1권, 2권 섭렵해 나갔다. 결국 구입한 모든 책들을 읽어 취업의 흐름을 파악했고 대한민국 채용시장을 구체적으로 그릴 수 있었다. 그 지식을 활용해 수많은 기업에 지원서를 제출했지만 최종 합격의 문은 호락호락하게 열리지 않았다. 하지만 포기하지 않고 가꾸고 다듬기를 수차례 반복했다. 결국 삼성그룹에 최종 합격했다.

취업이 힘든 이유는 무엇일까? 취업준비생들을 괴롭히는 여러 가지 이유들 중 가장 힘든 점은 취업이 언제 끝날지 모른다는 점일 것이다. 초등학교는 6년, 중·고등학교는 3년을 다니면 졸업을 한다. 하지만 취업의 끝은 정해져 있지 않다. 오직 취업하는 그 순간이 취업준비를 마치는 시점인 것이다.

이 책은 대한민국 청년들에게 합격의 관문에 조금이라도 쉽게 다가갈 수 있도록 진심을 담아 집필했다. 책 속의 노하우들은 취업준비에 지친 청년들에게 많은 도움이 될 것이라고 확신한다. 이 책에는 실전에 활용 가능한 노하우들을 거짓 없이 털어 넣었고, 내가 취업준비생 시절 궁금했던 이야기들로 채웠다. 책의 후반부에서는 최종 합격만이 전부라고 생각하며 살아가는 취업준비생들을 위해 취업 후 필요한 자세에 대해서도 짚어볼 것이다.

나는 아침에 일어나면 오늘은 무엇에 감사할 수 있을지 생각한다. 맑은 하늘을 볼 수 있어서 감사하고 오늘 해야 할 일들이 있음에 감사하다.

이 책이 세상 밖으로 나올 수 있도록 도와주신 슬로디미디어 대표님 및 직원 분들께 감사의 마음을 전한다. 책을 집필하는 동안 옆에서 응원해준 꿈친구들과 믿고 지지해준 가족들에게도 사랑한다고 말하고 싶다. 마지막으로 이 책을 읽는 대한민국 취업준비생들의 성공 취업을 진심으로 응원하고 기도한다.

정성원

01

> "취업하려고
> **이력서 1,000번**
> 써봤니?"

대한민국 취업의 온도

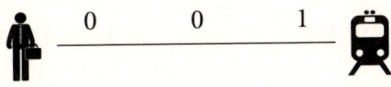

"왜 그렇게 힘들게 살아?"

K라는 동생이 한창 공기업을 목표로 취업준비 중인 나에게 질문을 했다.

"인간답게 살려고 그러지! 공기업에 들어가면 얼마나 좋은지 알아? 의지만 있으면 석사까지 공부도 시켜주고, 칼 출근 칼 퇴근에 연말 보너스도 장난 아니라고. 나는 하고 싶은 것 하면서 인간답게 살 거야."

"근데 지금은 모임도 안 나오고 하고 싶은 것들 꾹 참으며 아무것도 안 하고 살잖아. 인간답게 살기 위해서는 인간답지 않게 준비해야 하는 거야?"

　나는 할 말이 없었다. K가 하는 말은 모두 맞는 말이었다. '공기업 취업'이라는 목표를 가졌고 수단과 방법을 가리지 않고 열심히 준비했다. 당연히 부족한 것은 돈과 시간이었다. 막걸리 1잔 마실 돈이 없어 친구들과 점점 멀어졌고, 영어단어를 외우기 바빠 가족들과 함께 할 시간은 점점 줄어들었다. 내가 아끼는 사람들과 멀어지는 것이 느껴졌지만 취업과 점점 가까워지고 있었기 때문에 나는 견딜 수 있었다. 아래와 같은 메일을 받기 전까지는 말이다.

　"귀하의 우수한 자질에도 불구하고, 금번 서류전형 결과 불합격되었음을 알려드리게 되어 매우 유감스럽습니다."

　메일을 함께 열어본 친구들에게는 대수롭지 않게 웃어 보였지만 속이 많이 상했다. '이번에는 정말 영혼까지 끌어 모아서 노력했는데…. 나는 역시 안 되는 걸까?'라는 환청이 머릿속을 떠나지 않았다. 취업 관련 서적을 읽고 자기소개서도 정말 혼신의 힘을 다해 적었다. 자기소개서에는 내가 잘할 수 있는 특기도 구체적으로 적었고 회사에서 어떤 업무를 맡고 싶은지도 상세하게 풀어놓았다. 이토록 열심히 적은 자기소개서가 왜 탈락하는지 정말로 궁금했다.
　나는 단 1%의 가능성만 있어도 포기하지 않는다는 정신으로 취업을 준비했다. 1%의 확률이라면 이력서 100개만 적으면 되는 것 아닌가? 이력서 100개쯤은 자신이 있었다. 그러나 탈락한 이력서의 개수가 100개가 넘고 200개가 넘자 무엇을 위해 이토록 열심히 하는지 의문이 생겼다. 아무리 많이 지원해도 나의 탈락에는 브레이크가 없었다. 자존감은 점점 낮아졌고 불합격 문자는 나에게 일상이 되어버렸다.

나는 취업을 잘 해야 한다는 강박관념을 가지고 구직활동을 했다. 그래서 남들보다 힘든 취업준비 기간을 보낸 것 같다.

대학교 4학년 1학기, 나는 꿈에 그리던 해외자원봉사단에 합격했다. 그것도 가장 가고 싶었던 네팔이라는 국가에 말이다. 총 10명의 대학생이 팀을 이루었고 역할 분담도 봉사활동 기획도 우리가 스스로 했다.

봉사활동 팀원들과 의견을 나누고 학교생활의 마지막 여름방학을 행복하게 기획하던 중 올 것이 왔다. 대기업 인턴전형에 최종 합격한 것이다. 나는 해외자원봉사와 인턴이라는 2마리 토끼를 동시에 잡고 싶었다. 하지만 정확히 날짜가 겹쳐 둘 중 하나는 포기해야만 하는 상황이었다. 하나는 내가 죽기 전 꼭 해보고 싶었던 일이었고 다시는 돌아오지 않을 마지막 여름방학의 활동이었다. 또 다른 하나는 취업을 위해서 반드시 선택해야만 하는 대기업 인턴이었다. 이름 있는 대기업에서 인턴생활을 한다면 취업은 따 놓은 것이나 다름없다고 생각했다. 인생에서 가장 어려운 선택의 순간이 온 것이다.

결국 나는 '하고 싶은 일'과 '해야 하는 일' 중에서 '해야 하는 일'을 선택했다. 그래서 나는 취업을 남들보다 잘 해야 한다는 강박관념을 가진 것 같다. 내가 간절하게 원하던 것을 포기하면서까지 준비했으므로 그에 맞는 보상은 마땅히 받아야 한다는 생각을 가졌다.

나는 포항에 위치한 한 대기업에서 5개월 동안 인턴생활을 했지만 정규직으로 전환되지는 못했다. 그래도 인턴 경험이라는 스펙이 있으니 무엇이라도 할 수 있을 것 같았다. 하지만 취업의 세계는 내가 생각한 것보다 녹록치 않았다. 문을 열심히 두드렸지만 굳게 닫힌 문은 열리지 않았다.

취업준비생이었던 나는 누구보다도 열심히 취업준비를 했다. 아침에 눈을 뜨면 영어학원으로 직행했고, 저녁식사 시간을 아낀다며 점심 때마다 폭식하는 것을 당연하게 여겼다. 참으로 미련하게 준비했다. 정말 간절하게 취업을 원했고 그렇기 때문에 나는 취업준비생의 심정을 너무나도 잘 안다.

다양한 방법으로 시도하다 보니 나만의 취업 노하우도 생겼다. 면접관이 어떤 유형의 지원자를 원하는지 파악하는 것이 왜 중요한지 알게 되었고, 인사담당자가 키워드만 기억나도록 자기소개서를 작성하는 방법도 터득하게 되었다.

나는 취업시장의 온도를 1℃라도 높이고 싶어 이 책을 집필하게 되었다. 요즘 취업시장은 바닷물까지도 얼게 만드는 혹한기다. 취업하기가 '하늘에 별 달기'보다도 더 어려운 시대이다. 수백 번이 넘는 탈락의 고배를 마시며 직접 몸과 마음으로 겪은 경험담으로 취업준비생들의 시간을 아껴주고 싶다. 취업의 방향을 몰라서 키보드와 책상 앞에서 시간을 낭비하고 있는 대한민국의 청춘은 과거의 내 모습이 떠오르기 때문에 상상하기도 싫다.

취업에는 보통사람들이 모르는 추월차선이 있다. 눈에 꽂히는 자기소개서를 작성하는 방법이 따로 있고 인사담당자가 싫어하는 유형도 정해져 있다. 면접도 두렵기만 한 전형이 아니다. 준비만 제대로 한다면 전달하고 싶은 이야기를 모두 전달하며 즐길 수 있는 관문 중 하나다. 결국 나를 취업시켜준 것은 '나도 할 수 있다!'라는 믿음뿐이었다. 취업이라는 좁은 시야에서 멈추지 말고 취업 후 남들처럼 즐거운 삶을 사는 당신의 모습을 상상해보라. 당신도 할 수 있다. 당신만의 페이스로 묵묵히 나아가보자.

그 많던 일자리는 누가 다 먹었을까?

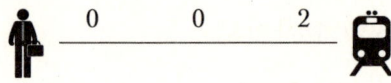

2016년 3월 9일 세기의 대결이 펼쳐졌다. 로봇과 인간의 대결. 알파고AlphaGo와 바둑 9단 이세돌 기사가 바둑 대결을 펼쳤다. 사람들은 흥미진진해 했고 아직 로봇의 발달이 사람에게까지는 오지 못했을 것이라고 했지만 결과는 알파고의 승리였다. 한국은 물론이며 전 세계가 들썩였다. 이제 인간이 로봇에게 지배를 당하는 시대가 코앞에 온 것이 아니냐는 뉴스가 여기저기서 들렸다. 기계공학을 전공한 나로서는 영화 〈터미네이터〉처럼 로봇이 인간을 지배할 날은 오지 않는다고 말하고 싶다. 그렇다면 취업시장에서는 어떨까? 정말로 조금씩 인간의 일자리가 줄어들까?

과거에 비해서 취업준비생의 숫자가 늘어나고 있음은 사실이다.

나도 2년 동안 집과 도서관에서만 시간을 보내면 취업에만 매진했다. 취업준비에 목숨을 걸었을 때, 나는 도대체 취업이 왜 이렇게 어려운지 고민한 적이 한두 번이 아니다. 대학교도 졸업했고 취업이 잘 되는 전공까지 갖추었는데도 '이렇게 힘든 취업을 어떻게 헤쳐나가지?'라는 고민을 거듭했다. 긴 고민 끝에 찾은 결론은 대한민국의 삶의 질이 높아졌기 때문에 취업하기 힘들다는 것이다. 누구나 슈퍼카를 타고 다니고 스타벅스에서 월세를 받는 것은 아니다. 하지만 돈이 없어 밥을 못 먹는 시대는 지나갔고 거의 모든 학생들이 고등학교를 졸업한다. 대학교 진학비율도 70%가 넘는 수준 높은 시대에 살고 있다. 현재시대는 얼마나 더 좋은 학교에 입학하고 얼마나 더 좋은 기업에 입사하는지가 성공의 기준이라고 사회가 만들어 버렸다.

내가 고등학교 입학을 앞두고 부모님과 함께 진로에 대해서 이야기를 한 적이 있다. 그 당시 나의 성적은 상위 50%였다. 상위 5%도 아니고 딱 50%.

나는 내가 공부에 소질이 없다고 생각했다. 그래서 부모님과 고등학교 진학 상담을 할 때 "대학교에 가는 것보다 특성화고등학교에 입학해 남들보다 빨리 기술을 배우는 편이 훨씬 이득이겠다."라고 나의 솔직한 생각을 말씀드렸다. 그 말을 듣고 부모님께서는 나를 크게 나무라셨다. 특히 아버지께서 왜 굳이 힘들게 일하려고 하느냐며 호통을 치셨다.

'왜 모든 아버지들은 좋은 학교에 진학시키려고 하실까? 좋은 대학교에 가는 것이 그렇게 중요한 것인가? 좋은 대학교에만 들어가면 내가 하고 싶은 일을 모두 이룰 수 있을까?' 미성숙했던 그 시절, 수많은 고민만 하다 보니 어느새 고등학교 원서를 제출하는 날이 되었다. 갈팡질팡했던 그 당시 나는 대세를 따랐다. 대부분의 학생들이 일반계 고등학교를 선택했고 나 또한 그들과 함께하게 되었다. 그렇게 물에 물탄 듯 술에 술 탄 듯 고등학교를 졸업하고 대학교도 대세를 따라 진학했다.

눈 깜빡할 사이에 졸업반이 되었다는 이야기는 누구나 공감할 것이다. 나도 그중 1명이다. 나는 대학교 졸업반이 되었고 취업하기 위해 수많은 기업에 입사 원서를 적었다. 그러나 날마다 불합격 소식들만 들려왔다. 나는 우리나라에는 일자리가 많지 않기 때문에 취업이 힘들다는 일차원적인 생각을 했다. 대학을 졸업하는 모든 사람들이 양질의 일자리를 원한다. 누구나 나와 마찬가지로 멋진 대기업에 입사해서 부모님께 용돈도 드리고 맛있는 음식도 마음껏 먹고 싶어 한다. 하지만 대기업 취업의 문은 좁게만 느껴진다. 왜 이토록 취업이 어려운 것일까?

이 문제는 한국에만 있는 것이 아니다. 대부분의 나라에서도 취업은 '하늘의 별 따기'처럼 힘들다. 이탈리아에서는 취업하기가 힘들고 돈을 단시간에 모을 수 없어 결혼 시기가 많이 늦어지는 현상이 사회

문제가 될 정도이다.

　스펙도 남들처럼 쌓았고 대학도 졸업했는데 사무실 책상 하나 얻기가 왜 이렇게 힘든 것일까. 대학만 졸업하면 원하던 기업에 취업하는 시대는 사라졌다. 성적만 높으면 취업이 되는 시대 또한 지나갔다. 스펙이 높은 지원자보다는 스토리를 통해 큰 깨달음을 가진 지원자를 선호한다. 또한 두루뭉술하게 다방면에 능통한 전문가보다 회사는 한 분야를 통째로 집어삼킬만한 신입사원을 원한다.

　나는 회사가 한 분야의 전문가를 원하는 이유를 찾았다. 바로 트렌드의 변화이다. 예전에는 사회구성원들이 대세를 따르는 '메가트렌드'의 시대였다. 건설회사가 호황이라고 하면 수천 명의 사람들이 건설사에서 일을 했다. 하나의 제품이 좋다고 알려지면 너도나도 그 제품을 찾아서 구입했고 유행을 만들었다. 하지만 이제는 서서히 '마이크로트렌드'의 시대가 오고 있다. 사람들은 자신이 하고 싶은 것을 행동으로 옮기고 말하고 싶은 이야기는 솔직하게 전달한다. 즉, 자신이 하고 싶은 일을 하며 살아가는 시대가 온 것이다. 늘어난 개성만큼 직업의 숫자도 더욱 다양해졌다. 이런 트렌드에 맞게 소품종 대량생산은 빛을 잃어가고 있으며 고객의 니즈를 파악해 적절한 제품을 제시하는 다품종생산의 시대가 왔다.

　기업의 채용에서도 이와 같이 트렌드를 따라 공장에서 찍어 낸 스펙을 원하지 않는다. 고객들의 요구는 점차 다양해지고 있는데 기업 내부에서 일하는 직원들이 판에 박힌 듯 똑같다면 얼마나 답답할까?

고객들이 원하는 상품의 종류가 더욱 다양해짐에 따라 기업들은 그보다 많은 상품의 종류를 대비해야 한다. 그 많은 상품을 준비하기까지는 회사 내부적으로 수많은 아이디어와 준비과정이 뒷받침되어야 함은 두말하면 잔소리다. 그래서 채용이 더 까다롭고 예측불가능하게 진행되고 있다.

만약 누군가 일자리를 먹어 치웠다면 그것은 바로 시대의 흐름이다. 미래를 고민하는 취업준비생들이 늘어났다. 그들은 시대의 변화를 체감하지 못한 것이다. 결국 우리의 목표는 취업이고 회사에 입사하는 것이다. 현재 사회의 트렌드와 회사가 원하는 인재의 조건만 알아낸다면 구체적인 해결책을 얻을 수 있다. 회사에서 수행되는 모든 업무는 사람이 한다는 사실을 기억하자. 회사는 바로 당신의 능력을 원한다. 시대의 트렌드를 파악해 당당하게 취업하자.

취업하려고 이력서 몇 번 써봤니?

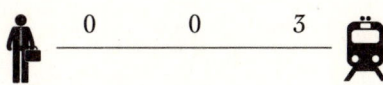

2014년 12월 16일, 기다리고 기다리던 메일이 왔다. 메일을 확인하는 순간 내가 늘 듣고 싶었던 한 문장이 있었다.

"축하합니다. 귀하는 삼성탈레스 2014년 하반기 신입 공채 면접전형에 합격하셨습니다."

오랜 시간이 지난 지금도 메일을 확인했을 때의 장소와 함께 했던 사람들이 생생하게 기억난다. 나는 흥분해서 소리를 지르고 눈물이 날 줄 알았다. 하지만 나에게는 이상할 만큼 일상적으로 느껴졌다.

같이 취업을 준비하던 친구들이 오히려 나보다 더 흥분해 축하한다고 말했고 오늘 점심을 사라고 소리쳤다. 그렇게 우리는 학교 근처 식당에 가서 축하한다는 이야기만 하다 집으로 돌아왔다. 집으로 돌아오는 길에 어머니께 가장 먼저 합격 소식을 전했고 몇 분 후 전화를 주셨다.

"정말 축하한다. 이제 드디어 회사원이 되었구나. 나는 아들이 잘될 줄 알고 있었어!"

2013년 3월부터 시작한 나의 긴 취업대장정은 그렇게 막을 내렸다. 집에 도착해서 가족들에게 축하를 받으니 내가 합격했다는 사실이 조금씩 실감났다. 가족들과 함께 외식을 위해 집을 나서는 순간 그동안 취업을 준비하며 겪었던 경험들이 주마등처럼 스쳐지나갔다.

가장 힘들었던 시기는 3번째 공채를 맞이했을 때다. 남들과 비교했을 때 어딘가 부족해 보이는 스펙을 채우기 위해 학원과 학교를 오가며 영어공부를 했고 하루에 5곳의 기업에 지원하는 등 바쁘게만 보낸 시절이다. 취업스터디에 가입을 했고 '자소서팩토리'라는 프로그램을 만들어 자체적으로 자기소개서를 찍어냈다. 자소서에 쓸 만한 글감이 있는지 정리했고 글감 중 자소서 항목과 유사한 것이 발견되면 어떻게 해서든지 끼워 넣으려고 애를 썼다. 기업마다 원하는 양식이 달라 때로는 길고 구체적으로 적었고 때로는 짧고 임팩트 있게 구성했다.

20살이 되기 전에 경험한 것들은 너무 오래되었고 직무와 연관성이 없다는 이유로 단 5년의 학교생활에서만 경험들을 뽑아냈고 나만의 팩토리를 건설했다. 인생의 첫 터닝포인트가 된 무전여행, 리더십만큼 멤버십이 중요하다는 것을 깨우쳐 준 국토대장정, 학교에서 밤을 새며 팀원들과 함께 한 팀 프로젝트 등이 전부였고 글감이 부족해 지원서를 많이 찍어낼 수 없다며 과거를 후회하기도 했다. 최대한 많은 기업에 지원하기 위해 사소했지만 느꼈던 모든 경험들을 영혼까지 끌어 모았고, 그 덕분에 많은 기업에 이력서를 제출할 수 있었다.

하지만 피나는 노력에 비해 돌아오는 결과는 처참했다. 약 100개의 이력서 중 합격한 곳은 단 4곳. 그마저도 면접 일정이 겹치는 바람에 눈물을 머금고 하나의 면접을 포기해야만 했다.

면접이 단 3곳뿐이니 여기에만 집중하면 된다는 생각으로 면접 연습도 철저히 했다. 면접장에 입장하는 법, 귀에 꽂히도록 답변하는 법, 미처 준비하지 못 한 질문에 당황하지 않고 대답하는 법 그리고 마지막 마무리 멘트를 임팩트 있게 하는 법 등을 연구했다. 인터넷에 올라온 동영상을 몇 번이고 돌려 보았고 친구들과 가족들 앞에서 연습도 많이 했다. 나름 만족하는 면접을 치렀고, 입사해서 신입사원 연수 때 만나자고 했던 면접관도 있었다. 이번에는 반드시 합격할 것이라는 부푼 기대를 안고 면접 결과를 기다렸다. 그러나 결과는 불합격이었다. 함께 일하자고 했던 면접관이 원망스러웠고 이 정도면 무조건 합격한다고 응원해준 친구들이 미웠다.

자존감을 잃고 다시 취업준비생 모드로 돌입하려는 순간 올바른 방법으로 취업준비를 하고 있는지 고민하게 되었다. 고민 끝에 떠오른 생각은 지원을 많이 할수록 좋은 것이 아니라는 것이다. 결과가 좋지 않게 나왔기 때문이다. 무조건 많이 지원하면 면접을 많이 간다는 선배의 말을 믿고 미친 듯이 지원하기 위해 컴퓨터 앞에서 키보드와 씨름했던 순간들이 한없이 허무했다.

그렇게 홀로 방황했다. 취업스터디를 떠나 혼자 해보자는 결심을 했고 정들었던 취업스터디와 결별했다. 약 1년 동안 매일 함께 지내던 사람들과 떨어져 지냈고 혼자서 차분히 다음 공채시즌을 준비하며 스펙을 쌓는 시간을 보냈다. 처음에는 일정도 내 마음대로 조정 할 수 있었고 내가 판단하기에 부족한 부분에만 더 투자할 시간도 생겨 좋았다. 하지만 혼자서 취업준비를 한다는 것은 무척이나 외로웠다. 영어학원, 학교도서관, 시립도서관 그리고 나만의 노트북 앞에서 자신과의 싸움을 묵묵히 하고 있었다.

그러던 어느 날 지인으로부터 전화를 받았다. 취업스터디를 새로 만들었는데 같이 해볼 생각이 없냐는 제안이었다. 취업스터디 경험도 있고 이력서도 많이 지원한 것을 알기 때문에 함께하면 시너지가 날 것이라고 말했다.

확답을 내리지 않고 얼버무린 후 다시 전화를 하겠다고 말하고 통화를 마쳤다. 나는 짧은 순간이었지만 수많은 고민들을 했다. 불확실한 미래는 나를 옭아매고 있었고 그로 인해 나 혼자 갈팡질팡하고 있는 것이 사실이었다. 고민 끝에 혼자하기보다는 여러 명과 함께 하는 것이 낫다고 생각해 취업스터디를 함께하자고 다시 전화했다. 전화를 끊고 이번 공채 때 취업을 하려면 어떤 전략을 세워야 하는지 고민했고 스스로 결론을 내렸다. 무작위 지원을 벗어나 소신지원을 하자는 것이었다. 선택과 집중을 통해 원하는 기업에 입사하리라는 꿈을 꿨다.

그렇게 나 홀로 취업준비를 졸업하고 2번째 취업스터디에 가입을 했다. 서로 알고 있는 노하우와 경험들을 공유했고 든든한 지원자가 되었다. 그리고 누가 뭐라고 말하든 나만의 소신을 지키며 이력서를 지원했고 당당하게 취업했다. 이 두 취업스터디가 없었더라면 지금쯤 무슨 일을 하고 있을지 궁금하다.

지금 생각해봐도 대한민국에서 취업하기란 쉽지 않다. 셀 수 없이 많은 이력서 지원에 돌아오는 수많은 탈락 문자. 취업이라는 큰 산은 피해갈 수 없다. 누구는 10번 만에 누구는 100번 만에 취업을 한다. 하지만 내가 확신하는 것은 누구든 자신의 스토리와 차별성으로 취업할 수 있다는 것이다. 내가 취업준비를 하느라 보냈던 시간이 아깝듯 당신이 취업을 준비하며 보내는 시간도 아깝다. 그래서 나는 이 책에 취업활동을 하며 불필요한 시행착오들이 무엇인지 그리고 어떻게 시행착오들을 줄일 수 있는지 자세히 녹여 놓았다. 불필요한 노력으로 취업준비 기간을 늘리지 마라. 스마트하게 취업하자.

당신을 채용해야 하는 이유는 무엇인가?

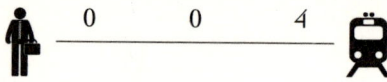

A라는 사람은 서울특별시에 살고 있는 대기업 직장인이다. A에게 제주도에 살고 있는 친구를 만나기 위해 제주도를 가야만 하는 상황이 주어졌다. A는 비행기를 타고 이동했다. B는 부산 해운대구에 살고 있는 한 대학생이다. B는 친구들과 불금을 보내고 있었다. 그러던 중 갑자기 B의 어머니에게서 연락이 왔다. 미국에서 3년 만에 돌아오는 사촌동생을 위해 토요일 밤까지 인천공항으로 배웅을 나가 달라는 것이다. B는 토요일 아침 시외버스를 타고 인천공항으로 향했다.

여기서 질문 하나를 해보겠다. A가 배를 이용할 수도 있지만 비행기를 타고 제주도에 간 이유는 무엇인가? 또 B가 시외버스를 타고 인천공항에 간 이유는 무엇인가? 직장인 A는 바쁜 업무로 인해 시간이 많이 없었기 때문이다. 그리고 회사와 공항이 가깝기 때문에 비행기를 선택했다. 대학생 B는 다른 교통수단을 이용하지 않고 왜 시간이 많이 걸리는 시외버스를 타고 인천에 갔을까? 돈이 없었기 때문이다. 어제 마신 술도 깰 겸 고속철도와 비행기는 생각하지 않고 편하게 누워서 잘 수 있는 시외버스를 선택했다.

채용도 마찬가지다. 내가 알고 있는 지인 H 씨는 자동차 대기업에 입사했다. 기업의 인사팀이 내가 알고 있는 지인 H 씨를 뽑은 이유는 무엇일까? 그 이유는 현재 기업의 상황에서 필요한 인재였기 때문일 것이다. 채용은 최적의 인재를 뽑는 것이다. 최고의 인재를 뽑는 것이 아니라는 사실은 아무리 강조해도 지나치지 않는다.

H 씨는 아주 평범하다. 학점은 3점대, 토익은 800점대, 제조업에서 3주간 인턴 경험이 있는 지방사립대 졸업생이다. 키는 173cm이고 안경을 착용했다. 이야기를 들었을 때 특별하다는 느낌을 받기는 힘들다. 그럼에도 불구하고 인사팀에게 선택된 이유는 '회사에게 필요하기 때문'이다. H 씨는 당장 회사에서 일해도 전혀 어색하지 않을 정도로 자신이 수행해야 할 업무를 구체적으로 알고 있었다.

기업이 원하는 인재를 명확하게 정의하기는 힘들다. 하지만 기업은 이윤을 창출하기 위해 노동자들의 노동력을 필요로 한다는 사실은 분명하다. 전화를 걸어서 회의시간을 조절하는 일, 제품을 개발하고 설계하는 일, 제품을 잘 판매하기 위해 마케팅 계획을 세우는 일,

실제로 제품을 만드는 일, 제품을 판매하는 일, 복사하는 일, 청소하는 일 등 모든 일은 결국 사람이 한다. 이 많은 일들을 모두 수행해야지만 기업은 이윤을 창출해낼 수 있다. 이것이 기업에서 사람을 채용하는 이유다.

좀 더 구체적으로 접근하고 싶다면 당신이 하게 될 업무와 당신이 일하고 싶은 회사의 상황을 심도 있게 분석하면 된다. 당신이 어떤 경험을 가지고 있고 무엇을 전공했으며 어떤 성격을 가졌는지 파악하면 된다. 그리고 이 경험과 성격을 바탕을 필요로 하는 직무를 찾아보자. 회사는 조직생활이기 때문에 분업을 중요시할 수밖에 없다. 혼자서는 절대로 기획, 개발, 마케팅, 영업, 제조, 판매를 해낼 수 없다.

회사는 짧은 시간에 많은 영업이익을 내야 하기 때문에 많은 사람들을 필요로 한다. 각 부서는 주어진 역할을 맡고 있기 때문에 업무에서 필요한 역량은 이미 부서에서 정해 놓아버렸다. 이 역량을 가지고 있는 사람과 조직에서 잘 어울릴 수 있는 마인드를 가진 사람이라면 취업에서 백전백승이다. 다만 취업준비생이 자신이 가진 강점을 잘 알고 있다는 가정에서 말이다.

기업은 신입사원에게 크게 2가지를 기대한다. 첫째, 업무이다. 당연한 이야기이겠지만 회사에서는 해야 할 일들이 많고 그 업무를 누군가는 반드시 해야 한다. 업무를 분담해야 하는데 주변을 둘러보면 바쁘지 않은 사람은 없다. 아직 열정 있는 신입사원이라면 업무도 가르쳐주며 적당한 업무를 지시할 것이다. 둘째, 회사의 미래다. 현재 회사에서 해야 할 업무가 많다는 것은 돈이 되는 사업을 진행하고 있다는 뜻이다. 하지만 하루하루가 불확실한 미래에 살고 있다. 현재는 회사가 잘나가지만 미래에는 회사의 먹거리가 없을 수도 있다. 5년 후 실력이 탄탄한 실무자가 되어 회사에서 이익을 발생시키는 사업을 가져오는 것이 회사가 바라는 당신의 미래 모습이다. 회사의 미래 모습은 현재 신입사원의 능력에 달려 있다.

내가 지금 일하는 모습과 회사에 지원할 때 작성한 자기소개서를 보니 채용되어야 하는 이유는 명백했다. 나는 지금 입사지원서에 적은 내용을 그대로 수행하고 있다. 나는 기계설계 직무에 지원했고 자기소개서에는 설계를 잘할 수 있다는 내용이 아주 구체적으로 적혀 있었다. 기계설계의 기본인 도면작성 능력이 우수하고 신속 정확하게 수정할 수 있다고 어필했다. 또 전자회사인 만큼 기계공학과 전자공학의 콜라보레이션이라고 볼 수 있는 메카트로닉스에 관심이 많고 프로젝트를 훌륭하게 마무리한 경험도 있다고 적었다. 현재 맡고 있는 주된 업무가 전자공학 엔지니어들과 협업하며 도면을 수정하는 작업임을 보았을 때 자기소개서에 적은 내용대로 일하고 있다는 사실이 놀랍다.

모든 직무가 마찬가지다. 마케팅 직무에 지원하는 지원자라면 당신만의 마케팅 노하우를 어필하면 된다. 실제 마케팅을 통해 이윤을 창출한 경험이 있다면 반드시 적어야 한다. 꼭 돈을 번 경험이 필요한 것은 아니다. 사람들의 심리를 잘 분석하거나 시장 트렌드를 잘 분석하는 능력을 가졌음을 구체적인 수치로 표현한다면 인사담당자의 마음을 흔들 수 있다. 실제 겪었던 경험의 결과, 입사 전 이윤을 창출하거나 성과를 낸 경험을 수치적으로 적으면 회사는 당신의 업무능력을 높이 평가할 것이다.

이때 다른 직무에서 필요한 업무능력과 혼동되지 않도록 조심해야 한다. 마케팅과 영업은 비슷해 보이지만 구체적으로 조사해본다면 두 직무는 완전히 다른 직무라는 것을 깨닫게 될 것이다. 마케팅은 상품을 판매할 계획을 세우고 시장 분석을 통해 다른 경쟁업체에 비해 자사 제품이 가능 강점을 강조하고 약점을 커버하는 전략을 세우는 직무다. 반면 영업은 실제로 판매를 유도하는 직무다. 마케팅부서에서 원하는 방향대로 소비자들이 생각하면 가장 이상적이겠지만 실제 고객들의 생각과는 차이가 날 수 있다.

당신의 지식과 노하우를 회사에 판매하기보다는 회사가 당신의 업무능력을 스스로 사게 하는 편이 낫다. 왜냐하면 회사는 당신의 일손이 필요하기 때문이다. 당신이 '어떤 업무든 시켜만 준다면 정말 열심히 일하겠습니다.'라고 어필한다면 회사는 큰 관심을 주지 않을 것이다. 최저시급의 아르바이트생도 면접에서 시켜주면 열심히 일할 것이라고 말한다. 계속되는 취업 실패로 당신의 단가를 낮춘다면 회사는 당신의 단가를 좀 더 낮게 부르거나 당신을 과소평가할 것이다.

당신만의 강점과 알고 있는 노하우를 회사가 스스로 사게 해야 한다.

　기업이 인재를 채용하는 이유는 사람이 필요하기 때문이라는 사실을 잊으면 안 된다. 당신은 세상에서 유일한 존재다. 영어성적이나 학점을 보고 넘버원이 아니라고 자신을 과소평가하지 마라. 당신이 살아오며 겪은 경험의 가치는 돈으로 환산할 수조차 없다. 같은 경험이라도 동일한 나이와 위치가 아니었으며 경험을 통해 느끼는 생각도 사람마다 다르다. 기업은 당신의 경험과 강점을 사고 싶어 한다. 당신은 세상 유일한 존재라는 것을 기억하고 당당하게 회사에서 당신의 강점을 사게 해라.

인사담당자는
몇 통의 지원서를 받을까?

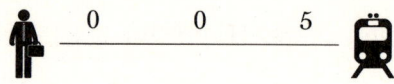

얼마 전 한 신문기사를 보고 충격을 받았다. 올해 상반기 대졸 신입사원 공채에서 지원자 100명 중 최종 합격자는 2.8명으로 2년 전 3.1명보다 취업이 더 어려워졌다는 기사였다(〈국제일보〉, 2017년 6월 19일, 본지 2면). 정말 처참한 현실이다.

우리나라도 취업이 쉽게 되었던 시대가 있었다. 나라의 경제가 발전함에 따라 기업이 늘어났고 그에 따른 일자리 수요도 자연스럽게 늘어난 시절이 있었다. 대기업 인턴 시절 한 팀장님께 직접 들은 이야기다.

"우리 때는 취업이 지금처럼 이렇게 힘들지 않았어. 모든 일은 사람이 하는 것이기 때문에 사람이 많을수록 많은 일을 할 수 있었지. 그 당시에는 사람이 많을수록 좋은 시대였다니깐? 면접에 들어갈 때 10명을 불렀는데 8명밖에 들어가지 않았어. 2명은 다른 회사 면접에 간 것이지. 그렇게 8명이 입장을 하고 인사를 큰소리로 한 다음 각자 자기소개를 했지. 이름이 무엇이고 나이는 몇 살이고 어디서 왔는지 정도만 이야기했어. 그렇게 8명이 자기소개를 하고 면접이 시작되는데 질문을 한두 개 정도 받으면 면접이 끝나. 시간 관계상 6명만 질문을 받고 나머지 2명은 질문도 못 받았다니깐? 이렇게 8명을 면접 보는데 20분이 채 걸리지 않았어. 근데 합격자는 8명 전원이었지. 정말 면접에 가기만 해도 취업을 하던 시대였다니깐?!"

이 이야기를 들을 때만 해도 크게 와닿지 않았다. 나는 남들과 달라서 원하는 기업에 바로 취업할 수 있다는 오만한 생각이 있었기 때문이다. 취업준비 기간이 늘어나며 점점 그 시절이 부러워졌다. 하지만 어떻게 할 수 없지 않은가? 선사시대에는 사냥을 했고 농업시대에는 농사를 지었다. 산업혁명이 막 시작되었을 때에는 노동력이 많으면 공장도 잘 돌아갔다. 하지만 지금은 이야기가 달라졌다.

이렇게 취업하기가 힘들어진다면 일자리 갖기를 포기하고 프리터족('프리 아르바이터'의 줄임말로 필요한 돈이 모일 때까지만 아르바이트를 하고 자신이 하고 싶은 일을 위해 쉽게 일자리를 떠나는 사람들을 가리킴)이나 니트족(일하지 않고 일할 의지도 없는 무직자를 가리킴)이 많아지는 사회로 점점 변화될 것이다. 지금의 경쟁률에 감사하는 날이 올지도 모른다.

나도 약 100 대 1의 경쟁률을 뚫고 입사했다. 나와 함께 입사한 동기들도 26명이 더 있다. 계산이 편하도록 30명을 뽑을 것을 예상하고 채용공고를 발표했고 3,000명의 지원자가 몰렸다고 가정해보자. 내가 다니는 회사에서 대졸 공채를 전담하는 인원은 10명이 안 되므로 인사담당자 1명당 읽어야 할 지원서의 수는 어림잡아 300개가 넘는다. 이 입사지원서도 면접전형 일정과 신입사원이 업무에 투입되어야 하는 시점까지 고려한다면 자기소개서를 읽는 시간은 살인적으로 짧은 시간이다. 내가 취업준비생 초반에는 지원자들의 자기소개서를 읽기 힘들고 귀찮아서 엑셀에 스펙을 입력한 후 내림차순으로 정리해 선발된 인원만 면접을 가는 줄 알았다. 하지만 내가 최종합격을 한 날 그 것은 아니라는 것을 명확하게 깨달았다.

현재 입사한 회사에 지원했을 당시 입력한 영어성적은 토익스피킹 130점이 전부였다. 입사지원 기준이 토익스피킹 120점이었다는 것을 감안한다면 낮은 점수에 속한다. 그 당시 토익은 725점을 보유하고 있었지만 토익점수를 입력하는 란은 없었다. 나로서는 다행이었고 토익을 위해 한 학기 이상 휴학한 지원자들에게는 억울한 기준이었을 것이다. 내 점수가 3,000명 중에서 상위 몇 퍼센트나 될까? 내 점수로 서류전형, 인적성 시험, 면접전형을 모두 통과해 당당하게 입사할 수 있었던 이유는 무엇일까? 나는 '인사담당자가 모든 지원서를 다

읽어보았기 때문'이라는 생각밖에 들지 않는다. 수능 평균등급 5등급도 입학 가능한 지방 사립대, 영어점수 최하위의 지원자의 입사지원서를 읽을까? 읽어본다. 진짜 읽어본다.

결론적으로 내가 전하고 싶은 말은 스펙을 쌓는데 투자하는 시간을 줄이고 자기소개서에 더 집중하라는 것이다. 왜냐하면 학벌과 스펙은 점점 더 보지 않고 지원자들의 미래를 상상할 수 있는 자기소개서를 읽기 때문이다. 훌륭한 자기소개서가 전형 하나하나를 통과시키고 최종 합격까지 이어주는 출발점이기 때문이 이토록 강조할 수밖에 없다.

그렇다면 이제 어떻게 입사지원서를 적고 나를 어필해야 할까라는 의문이 든다. 책 후반부에 많이 강조하겠지만 답은 '차별화'다. 눈에 띄는 키워드와 남들과 차별화된 소제목을 활용해 당신의 지원서에 집중하도록 만들어라.

입사지원서 작성은 무엇보다 중요하다. 독자들의 이해를 돕기 위해 임금님의 건강을 책임질 요리사를 뽑는 것을 비유로 들어 설명해보겠다. 요리사 선발을 위해 가장 먼저 제시한 미션은 지금까지의 노하우를 살려 상 위에 한 끼 식사를 올려보라는 것이다. 상 위에 올리는 한 끼 식사가 바로 입사지원서다.

궁궐에 3,000개의 상이 펼쳐져 있고 궁 최고의 의원은 그 상 하나하나 모두 맛봐야 한다. 물론 주어진 시간은 길지 않다. 자리에 앉아 한 상을 다 먹고 소화되기를 기다리고 그 다음 상을 먹으러 자리를 옮긴다는 생각은 하지 않는 것이 좋다. 예쁘게 담지 않은 상은 먹어보지도 않을 것이다. 그 요리의 영양과 인체의 유익함은 전혀 고려되지 않고 말이다. 일단 예뻐야 한다. 그래야 눈길이라도 간다. 최고의원은 눈길이 가는 몇 가지 요리를 맛볼 것이다. 맛을 보고 처음 느껴보는 맛이나 정말 맛있다고 느껴진다면 한 숟갈씩 더 먹어볼 것이다. 아무리 건강에 좋은 요리를 하더라도 누군가 먹지 않는다면 헛수고를 한 셈이다.

나는 취업준비를 하며 이 같은 실수를 여러 번 겪었다. 그리고 그 시행착오로부터 요리는 누군가 먹도록 먹기 좋고 예쁘게 담아야 한다는 사실을 깨달았다. 당신이 만약 자기소개서를 작성하는데 초보자라면 당신의 지식과 경험을 한잔에 갈아서 마실 수 있는 선식이나 착즙주스처럼 만드는 것도 하나의 방법이다.

자기소개서를 처음에는 짧게 써보아라. 실제로 짧은 자기소개서를 원하는 기업도 많다. 무엇을 실행했고 결과가 무엇인지만 알면 된다고 생각하는 기업의 자기소개서 항목이 그렇다. 당신이 6개월 혹은 1년 동안 겪은 이야기를 단 300자만에 표현할 수 있어야 한다. 그래야만 인사담당자가 당신의 자기소개서를 읽어보기 때문이다.

당신이 적고 싶은 내용만으로 채운 자기소개서는 인사담당자가 읽지 않을 확률이 높다. 그들은 읽어야 할 지원서들이 엄청 많기 때문이다. 인사담당자의 입장이 되어 읽고 싶은 자기소개서를 적어보자. 인사담당자는 당신의 배려에 감동하고 그 배려가 고객과 조직구성원에게까지 영향을 미칠 것이라고 긍정적으로 평가할 것이다.

많이 지원하는 것이 중요한 것이 아니다. 지원하는 것은 당신의 입장이지만 그 이력서를 읽어보는 것은 인사담당자기 때문이다. 눈에 자주 들어오고 많이 읽히는 자기소개서를 써야 한다. 스펙으로 정렬하기 때문에 자기소개서를 안 읽는다는 생각은 버려라. 이 같은 생각이 자기소개서와 면접에서 강점을 당당하게 말하지 못하게 만든다. 그리고는 자신의 스펙이 부족하다고 느껴 또 다시 스펙을 쌓으러 뒤로 숨어버릴 것이다. 이력서에서 스펙은 그저 한 줄의 숫자일 뿐이다. 회사를 공부하는 것도 지원자 자신을 공부하는 것도 아니다.

인사담당자가 읽어야 할 지원서는 어마어마하다는 것을 깨우치고 지원서를 작성해보자. 역지사지의 입장을 가지고 작성했다면 당신의 지원서는 이미 빛을 낼 준비가 되었다. 취업난으로 인해 몰려드는 묻지마 지원자 중 1명이 되면 취업준비 기간이 늘어난다는 점을 기억하자.

취업이 안 되는 이유는 내 안에 있다

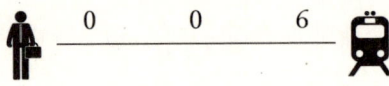

동양의 한 고전에 '지피지기 백전불태 知彼知己 百戰不殆'라는 말이 있다. 전쟁 중 적을 알고 나를 알면 100번을 싸워도 결코 위태롭지 않다는 뜻이다. 적군의 군사력, 위치, 주요 무기 등을 알고 아군의 상태를 파악하면 붙어볼 만한 상대인지 공격을 피해야 할 것인지 파악할 수 있다. 아군이 유리한 위치에 있다면 적당한 시기에 전략적으로 공격하면 된다.

하지만 아군이 불리한 위치라면 먼저 공격을 해서는 안 된다. 지원군이 오기를 기다리거나 적군의 군사력이 분산되기를 기다리고 아군의 군사력을 키운 후 공격을 시도해야 한다. 그 전에는 피해를 최소화할 수밖에 없다.

취업이라는 전쟁에서 취업 족집게 과외선생이라는 지원군이 오기를 기다리거나 직장이라는 적군 자체의 군사력이 낮아지는 것을 기대하는 것은 어리석은 상상이다. 상대방이 가진 특징을 명확히 파악하고 나의 역량을 높이면 취업전쟁에서 승리할 수 있다.

취업준비생 시절 나 또한 다른 이들과 같이 엄청난 스트레스를 받았다. 이전 세대들은 절대 체감할 수 없다. 자신이 직접 겪기 전까지는 모르는 감정이다. 수백 번의 이력서 작성에서 오는 창작의 고통 그리고 남들과 비교하는 나 자신의 모습까지. '취업은 멘탈싸움'이라는 말까지 나오지 않는가. 취업준비는 나를 돌아보고 또 돌아보며 조금씩 깨우치는 과정이다.

대한민국 학생 대부분은 주입식 교육에 익숙해져 있다. 초·중·고등학교를 거치며 남들보다 수학문제 한 문제를 더 풀고 주어진 시간에 빠른 답을 찾는 방법만을 배워왔다. 그 답은 오롯이 교과서와 참고서에만 있어 그것들만 줄줄이 외웠다. 답은 답지에 있었고 풀이방법은 해설집에 존재했다. 논술이나 주관식마저도 정해진 틀을 지키는 것이 정답이라고 논술의 답마저 강요하는 사회다.

내가 정말 하고 싶은 것이 무엇이고 잘하는 것이 무엇인지는 생각할 겨를도 없이 살았다. 쉼 없이 남들과 경쟁하고 남들보다 더 높은 점수를 받는 것에만 집중하며 살아왔다는 말이다. 취업도 마찬가지로 남들과의 경쟁은 맞다. 하지만 남들과 다른 점을 찾아야 한다는 점에서 우리에게는 아직 익숙하지 않은 숙제다.

   수능 공부를 하던 시절을 생각해보면 그 숙제를 조금은 해결할 수 있어 보인다. 수능은 주어진 시간에 남들보다 더 많은 문제를 풀고 정답을 더 많은 맞춰야 하는 시험이다. 이 같은 시험에서 더 높은 점수를 받기 위해서는 나를 철저히 알아야 한다. 내가 모르는 문제가 어떤 것이고 문제에서 물어보는 핵심이 무엇인지 파악해야 한다. 그중 나의 취약점이 어디인지 점검할 수 있는 최상의 방법은 나만의 오답노트를 만들며 깨우쳐 나가는 것이다. 오답노트를 많이 분석하면 내가 몰랐던 부분을 파악하고 그 부분을 집중적으로 공략할 수 있다.

   취업 준비도 마찬가지다. 나만의 오답노트를 만들면 길이 보인다. 여기서는 정답지라는 것이 존재하지 않는다. 자신의 생각과 회사의 생각이 일치해야 할 뿐이다. 많은 취업준비생들이 회사가 원하는 방향이 무엇인지 적확하게 파악하지 못한다. 그렇기 때문에 자신의 이야기를 그저 생각나는 대로 적을 뿐이다. 회사의 제 1의 목적은 이윤 창출이다. 회사에 입사하고 느낀 점은 그저 회사가 매출을 높이는 데만 신경 쓰지 않는다는 것이다. 이윤창출을 위해서 비용을 최소화하고 싶어 한다. 즉 최소의 비용으로 최대의 이익을 창출하고 판매량을 늘리기 원한다. 앞에서 언급한 비용이라는 부분에서 '인력'은 큰 비중을 차지한다. 사원들에게 나눠주는 급여를 최소화하고 싶어 한다는 뜻이다. 사원들의 월급을 그저 줄일 수 없기 때문에 필요한 최소 인력만을 갖고 싶어 한다.

바로 여기에 답이 있다. 회사는 최소의 비용으로 현재 사업을 운영하기를 원한다. 당신이 그 최적의 인재임을 어필하면 된다. 회사는 분야를 나누어 팀이라는 조직으로 업무를 한다. 그렇기 때문에 당신만의 강점을 살려 지원하는 직무에서 최고 효과를 낼 수 있다고 말하면 된다. 거짓말처럼 당신의 합격률이 높아진다는 점을 확신한다.

그렇다면 이제 회사라는 조직에서 어떤 팀들이 있고 그 팀에서 어떤 역할을 수행하는지만 알면 된다. 이 문제에 대한 답은 천사가 당신에게 알려주지 않는다. 가장 친한 친구도 애인도 이 답을 찾아줄 수는 없다. 오직 당신만이 이 문제를 해결할 수 있다. 자기소개서를 쓰는 것도 면접을 보러 들어가는 것도 당신 혼자서 해야 하지 않는가. 최종 제품과 서비스가 무엇이고 그것들이 고객들에게 만족을 시키기 위해서는 무엇이 필요한지 조사해봐야 한다. 원가를 절감하는 방법이 무엇인지 낮은 가격으로 구매하는 방법은 어떤 것들이 있는지 생산에 투입되는 인력과 비용은 어떻게 발생되는지, 그렇게 생산된 서비스와 제품을 어떻게 판매하고 고객에게 전달할 것인지 알면 된다. 직무 관련 서적을 정독하는 것도 좋고 신문을 꾸준히 읽는 것도 좋다. 이렇게 전체적인 큰 그림을 한번 그려보면 회사에서는 어떤 사람들을 필요로 하는지 감이 잡힌다. 그 후 지원하고 싶은 회사와 직무에 맞게 자신의 강점과 경험을 녹이면 된다.

회사가 원하는 인재를 파악했다면 이제 당신이 그곳에서 당신만의 강점으로 부족한 곳을 채워줄 수 있다고 호소해라. 회사의 필요한 부분에 맞는 강점을 알고 자신을 그곳에 맞추기 보다는 내 강점이 무엇인지를 먼저 파악하고 지원서를 작성하는 순서를 추천한다. 지금 눈앞에 보이는 취업이라는 좁은 시야만 보는 것이 아니라 인생이라는 긴 전쟁에서 주인공이 되어야 하기 때문이다.

당신이 무엇을 좋아하는지 무엇을 잘하는지 남는 시간에는 어떤 활동과 자기계발을 하며 역량을 쌓으며 살아왔는지 생각해보자. 아침에 일어나고 잠들 때까지 어떻게 시간을 활용하는지와 나에게 어떤 강점을 있는지를 알면 회사와의 전쟁에서는 높은 위치에 서게 된다. 높은 곳에서 회사를 바라보면 자신이 하고 싶은 직무를 명확하게 알 수 있다.

여기서 한 걸음 더 나아가보자. 입사 후 당신이 하게 될 업무에 대해 구체적으로 분석하면 자기소개서에서 무엇을 어필할지 답이 나온다. 지금까지 적었던 자기소개서를 들여다보면 왜 방향이 맞지 않았는지 자연스럽게 알게 된다. 자기소개서 작성은 방향만 주어진다면 생각보다 쉽게 작성할 수 있다.

가장 먼저 당신만의 차별화된 강점을 몇 가지 찾아라. 강점을 찾았다면 회사에서 필요한 인력들이 가져야 할 역량과 매치하기 쉽다. 그리고는 당신보다 낮은 스펙을 가진 친구도 취업을 했음을 기억하고 자신감을 가져라. 회사는 최고의 인재를 찾는 것이 아니라 최적의 인재를 찾고 싶어 한다. '나도 취업할 수 있어!'라는 확신이 당신의 자세와 행동에 큰 영향을 미칠 것이다. 취업에는 정답이 없다. 하지만 많은 취업준비생들을 멘토링해주며 얻은 나만의 취업준비 순서는 이렇다. 당신도 한번 도전해보길 바란다.

당신의 주변이 취업에 어려운 환경이라고 탓하지 마라. 주변 환경 때문에 취업하기 힘들다는 생각에서부터 탈출하는 것이 1순위가 되어야 한다. 당신이 취업이 안 되는 이유는 따로 있다. 그 답은 당신의 자기소개서와 면접의 방향이다. 자신이 맡게 될 직무를 철저히 분석해 자기소개서를 작성하고 주위 사람들에게 객관적인 피드백을 받아보자. 익숙한 환경과 눈에 익은 자기소개서에서 과감하게 빠져나와 당신의 진짜 능력을 보여주자. 나만의 세계에서 과감히 탈출하고 객관적인 피드백에 집중해라. 피드백에 귀 기울이지 않는다면 기업 인사담당자들은 '취업을 해도 그만 안 해도 그만'이라고 착각할 것이다.

취업은 B와 D 사이 C이다!

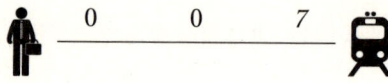

장폴 사르트르는 "인생은 B(Birth, 출생)와 D(Death, 죽음) 사이 C(Choice, 선택)이다 Life is C between B and D."라는 명언을 남겼다. 말 그대로 인생은 선택의 연속이다. 우리는 하루에도 몇 번씩 크고 작은 선택을 한다. 짜장면이 당기는데 짜장면을 주문할지, 아니면 어제 술을 한 잔 마셨으니 숙취 해소에 그만인 짬뽕을 주문할지 고민하고 결국 하나를 선택한다.

인생이 B와 D 사이의 C라면 취업은 B와 D 사이의 3가지 C이다. 기회Chance, 선택Choice, 변화Change.

첫째, 취업은 기회다. 앞으로 살아갈 인생을 즐겁고 행복하게 살 수 있는 기회가 바로 취업이다. 수능시험과 대학교 입학이라는 큰 기회가 있었다. 하지만 학교생활이 아닌 사회생활의 시작은 첫 취업에 있다. 자신이 하고 싶은 업무를 수행하고, 적성을 살려 남들보다 뛰어날 수 있는 기회는 누구나 1번씩 가진다. 취업준비를 위해 당신이 지금까지 어떻게 살아왔는지 돌아보게 되고, 어떤 경험과 책을 통해 가치관이 바뀌었는지 그리고 당신만의 차별화 된 강점이 무엇인지 고민하게 된다. 당신만의 강점을 찾는 것은 이 책의 3장과 4장에서 더 구체적으로 다루었다. 차별화된 강점만 잘 찾아도 자신에게 딱 맞는 직무를 선택할 수 있다.

살아온 날을 돌아볼 수 있는 기회는 흔치 않다. 학생 때에는 학점을 따고 대외활동을 하느라 바쁘고, 직장에 들어가서는 하루하루 주어진 업무를 해내기도 힘들어 나 자신을 돌아볼 수 있는 시간적 여유가 부족하다. 그러나 학교에 소속은 되어 있지만 졸업이 코앞인 취업준비생들은 조금은 시간 여유가 있다. 시간이 없다고 생각할지 모르지만 인생의 터닝포인트를 맞이하는 시점이라고 생각하면 분명 여유가 있다. 지금 이 기회를 살려 당신이 어떤 적성을 가지고 있고 장단점이 무엇인지, 정말로 죽을 때까지 무엇을 하며 살고 싶은지 치열하게 고민할 수 있는 공식적인 시간이다. 취업준비라는 기회를 살려 차별화된 당신만의 필살기를 찾아보자.

둘째, 취업은 선택이다. 선택은 '책임'이라는 단어와 항상 붙어 다니며 나를 고민하게 만들었다. 나는 20살에 가입한 무전여행 동아리를 통해 선택의 중요성을 배웠다. 동아리의 이름은 'Free Will(자유의지)'이다.

"20살이 되면 스스로에게 '자유'가 생겨. 자유가 있다는 것은 내가 무엇이든 선택할 수 있다는 뜻이지. 하지만 선택과 함께 오는 것은 '책임'이야. 책임은 당연히 스스로가 져야 해. 그래서 모든 순간순간이 나 스스로가 선택하는 것이고, 그 결정에 따르는 책임을 지는 거지. 그 '선택'이 바로 자유의지력이야."

동아리 가입 직후 월간회의를 마치고 막걸리 집에서 뒤풀이를 하던 중 듣게 된 이야기이다. 나는 이 한마디에 매료되었고 아직도 이 말을 기억하고 있다. 선택과 책임은 동전의 양면처럼 붙어 다닌다. 어떤 선택을 하던 그것은 나 자신이 선택한 것이다. 취업에서 선택의 중요성은 아무리 강조해도 지나치지 않는다. 취업에서 선택해야 하는 순간은 참 많다. '내가 일하고 싶은 직무를 지원할까? 아니면 채용인원이 많아 비교적 경쟁률이 낮은 직무에 지원할까?', '인적성 시험 날짜가 겹쳤을 때 어느 기업에 시험을 치러 갈까?' 등 무수히 많은 선택을 하게 되어 있다. 취업에서의 선택은 정말 중요하다. 자칫 잘못된 선택을 하면 어렵게 입사한 회사를 쉽게 그만두고 다시 취업준비생으로 돌아오는 사태까지 벌어진다. 이와 관련된 내용은 2장과 3장에서 주로 다루었다. 한번의 잘못된 선택으로 후회한 적이 있다면 이 부분을 좀 더 꼼꼼하게 읽어보기를 바란다.

셋째, 취업은 변화다. 여러 가지 변화가 있겠지만 가장 일차원적인 변화는 소득 발생이다. 돈을 지불하며 다니는 학교나 학원이 아닌 가치 있는 일을 하며 하루를 보내고 그에 대한 일정 급여를 받는 삶으로 변하는 것이다.

돈을 지불하며 다니는 학교는 열심히 다닐 강제성이 없다. 학교 수업을 열심히 받아야 한다고들 이야기하지만 학교 수업에 집중하지 않는다고 해서 뭐라고 하는 사람은 아무도 없다. 비가 와서 학교가 가기 싫은 날에는 집에서 하루 쉬어도 친구들과 밤새 술을 마신 다음날 첫 수업을 자체휴강해도 상관없다. 학점만 조금 낮게 나올 뿐 크게 문제가 되지는 않는다.

하지만 취업 후에는 이야기가 달라진다. 매년 초 근로노동계약서를 작성을 하는데 노동자는 기업의 이익을 위하여 성실하게 업무에 임할 것을 약속한다. 계약서에 이름도 적고 서명도 한다. 기업에서 일정 월급을 받는 대가로 당신의 가치를 지불하는 계약이 성사된 것이다. 이 계약이 성사되면 학교에서 지내던 학생의 신분과는 차이가 있으므로 철저하게 자기관리를 해야 한다. 당신이 싫어하는 업무만을 지시받아도 정해진 기한 안에 반드시 해결해야 하고 그 전날 새벽까지 야근을 했어도 출근시간을 지켜 출근을 해야 한다. 월급을 받는 대가를 지불하는 것이다.

　취업을 하면 당신의 인생은 무조건 변한다. 일하기 싫은 업무를 책임지며 직장생활을 하는 것도 변화이고 당신이 원하는 부서에 배치받아 즐겁게 일하는 것도 변화된 상황이다. 당신은 취업을 통해 어떻게 변화된 삶을 살고 싶은가? 원하는 직무와 부서에 입사할 수 있는 방법은 이 책 전체에 골고루 버무려져 있다. 이것이 바로 성공취업이다. 1번 읽어서 이해가 안 된다면 이해가 될 때까지 반드시 2번, 3번 읽어야 한다.

　취업에 성공했다고 해서 인생에 성공한 것은 아니다. 그리고 취업이 좀 늦다고 해도 인생에서 실패한 것은 더더욱 아니다. 취업은 넓게 펼쳐진 인생의 흐름 중 단순한 점 하나에 불과하다. 선택과 책임의 양면을 기억하고 진정으로 원하는 직무를 찾아 지원하기를 바란다. 첫 취업이 중요하므로 지금처럼 욕심을 내는 것도 말리지 않겠다.
　취업은 인생을 살아가는데 큰 변화 중 하나다. 세상도 매일 변화하는데 당신이 변하지 않는다면 당신은 세상을 못 따라가고 있는 것이다. 누구든 자신이 원하는 기업에 취업을 할 수 있다. 취업에서도 전략이 필요하므로 당신만의 목표를 세우고 구체적인 전략을 수립해보자. 장기, 중기, 단기로 세분화하면 취업과 나의 조언을 쉽게 이해할 것이다. 취업은 선택이 아닌 필수다.

02

> "
> 취업은
> **성적순이** 아니다
> "

취업은 성적순이 아니다

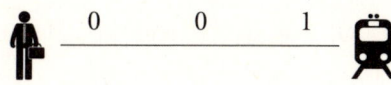

"이번에 ○○회사 채용공고가 떴는데 영어 성적 입력란이 없더라. 1년 동안 시간을 쪼개가면서 토익 900점을 맞췄는데 너무 허무하네."

"나는 얼마 전 △△회사에 면접을 보러 가게 되었는데 정장을 입고 오지 말라는 거야. 도대체 어떻게 입고 면접장에 가야 하는 거야? 이제는 패션 감각도 스펙에 추가되나봐."

얼마 전 친구와 카페를 갔을 때 뒷자리의 취업준비생들이 나누던 대화 내용이다. 내가 막 취업을 했을 때 시작되었던 '스펙타파 전형'에 대한 불만을 이야기하고 있었다. 외국어 능력 점수가 중요하지 않아서 채점 대상이 아니라고 해도 믿지 않는 학생들을 위해 회사들은 정말로 외국어 점수를 기재하는 입력란을 삭제해 버렸다. 그 당시에는 엄청난 충격이었다.

　스펙타파 전형이 늘고 있는 상황이지만 취업준비생들은 아직 기업을 믿지 못하고 있다. 그러나 높은 스펙이 절대로 합격의 당락을 결정짓지 않는다. 기업들이 스펙타파 전형을 시도하는 이유는 당신의 스토리를 듣고 싶기 때문이다. 나도 대기업 인턴에 지원했을 때 스펙타파 전형을 통해 합격한 경험이 있다. '얼마나 뜨거운 열정을 가졌는지'를 기준으로 인턴의 기회를 부여했다. 학점도 영어성적도 기재하지 않고 오직 살아온 이야기와 가치관만으로 일할 수 있는 기회를 주겠다는 것이었다. 지금은 조금 익숙하지만 그 당시에는 정말 이목을 끌었던 무전여행, 국토대장정, 그리고 마라톤 경험을 통해 느낀 점을 적었다. 면접에는 정장이 아닌 비즈니스 캐주얼을 착용하라고 했었다. 오히려 정장을 입고 오면 불이익을 받을 수 있다는 이야기도 들었다. 비즈니스 캐주얼을 입고 면접에 임했고 묻는 질문에 솔직하게 대답했더니 대기업에서 인턴생활을 할 수 있는 기회를 갖게 되었다. 정말 약속대로 열정만으로 대기업에서 일을 하게 된 것이다.

　그렇게 4학년 1학기부터 5개월 동안 대기업에서 인턴생활을 경험했다. 그리고 다시 취업준비생 신분으로 돌아왔다. 아이러니하게도 스펙타파 전형을 통해 최종 합격을 해본 나조차도 스펙을 보지 않겠다는 회사의 말을 믿지 못했다. 왜냐하면 내가 지원하는 기업마다 줄

줄이 나를 떨어뜨렸기 때문이다. 원하는 회사에 최종 합격을 하고나서야 비로소 나는 회사가 스펙을 보지 않는 채용방식을 선택하는 이유를 깨닫게 되었다. 회사는 지원자 개인의 경험과 차별화된 강점을 더 궁금해 한다.

직장인들은 회사에서 업무를 한다. 전화를 주고받고 회의를 소집하고 자료를 작성해서 유관부서에 전달하고 고객들에게 친절한 메일이 보내는 것이 주요 업무이다. 업무는 절대 스펙으로 하는 것이 아니다. 인사담당자가 지원자를 뽑는 기준은 입사 후 업무를 얼마나 잘 소화하고 적극적인 자세로 생활할 것인가에 있다. 즉 지원자의 과거가 아닌 미래를 보고 판단한다는 것이다. 물론 이렇게 말을 하더라도 '미래를 스펙으로 추측하는 것 아닌가?'라는 의문을 제기할 수 있다. 물론 스펙이 높으면 좋겠지만 스펙 자체만으로 합격 유무를 판단할 수 없다. 인성, 자신감, 목소리, 직무적합성 등 스펙보다도 더 중요한 것들이 많기 때문에 회사는 절대로 스펙만으로 지원자들을 평가하지 않는다.

회사 업무는 혼자 하는 것이 아니라 여러 부서가 유기적인 조직체가 되어 하나의 프로젝트를 수행해 나간다. 당신이 인사담당자라면 무엇을 보고 지원자들 미래 회사생활을 하는 모습을 상상할까? 내가 인사담당자라면 이력서와 자기소개서에 이야기한 과거경험을 가장 중요하게 생각할 것이다. 그 다음으로는 지원자가 적성을 잘 파악하고 있는지를 유추해 볼 것이다. 어떤 부서에서 무슨 일을 하고 싶은지 몰라 갈팡질팡하는 최고의 지원자보다는 자신의 적성을 정확하게 파악한 최적의 지원자가 더 좋다. 어떤 업무를 할 것인지 예상하고 입사하는 지원자는 최적의 지원자다. 전문성은 일을 하다보면 생기기 마련이다. 여러 번 반복 작업을 거치다보면 속도의 차이는 있겠지만 누구나 전문가가 될 수 있다.

기업들은 신입사원 채용에 있어서 스펙만을 보고 채용하는 시행착오를 겪었고 이를 통해 직무와 업계에 대한 이해를 가진 지원자를 더욱 원하게 되었다. 자신의 미래를 그려보는 지원자들은 퇴사를 쉽게 결정하지 않고 직장에서도 꿈을 꾸며 더 열심히 일한다. 그러니 지원자와 적합한 부서를 스펙으로 평가한다는 것 차체가 웃긴 이야기이다.

많은 취업준비생들이 아직도 취업을 위해서는 스펙을 쌓아야 한다는 생각을 버리지 못하고 있다. 어떤 업계, 업종에서 일하고 싶은지 그리고 자신의 강점이 무엇이고 그것을 살릴 수 있는 직무가 무엇인지도 모르는 상태에서 스펙을 쌓는 행동은 '밑 빠진 독에 물 붓기'라는 표현이 딱 어울린다. 남들은 뭔가를 준비하기 때문에 나도 뭐라도 해야겠다는 불안한 심정으로 무작정 스펙을 쌓는 것은 시간낭비이다. 스펙을 쌓기 전에 자신이 일하고 싶은 회사와 부서를 선정하는 것부터 실천해보자.

취업이 성적순이 아니라면 도대체 무엇을 보고 지원자들을 평가하는 것일까? 나는 반대로 기업이 지원자고 내가 회사라는 가정을 해보았다. 면접장에 두 지원자가 입장했다. 명문대를 졸업했고 머리도 좋으며 수려한 외모에 어떤 일이든 시켜만 주면 잘 하겠다는 지원자 A. 지방대를 졸업했지만 자신만의 차별화된 강점이 무엇인지 알고 자신이 일하고 싶은 부서에서 어떻게 자신의 강점을 활용할 것인지 어필하는 지원자 B. 정말 두 지원자 모두 업무를 믿고 맡길 수 있을까 고민이 된다. "자신이 지원한 영업부서가 아닌 마케팅부서에서 일을 할 수 있겠냐."라는 질문을 해본다. A는 성실하고 인간관계가 좋아 부서 선배들께 하나라도 더 배워 잘해보겠다고 답했으며, B는 자기소개서에서는 어필하지 못했지만 자신이 가진 또 다른 장점을 발휘해 마케팅부서에서도 열심히 해보겠다고 답했다. 면접관마다 다른 생각이 다를 것이지만 나는 냉정하게 B를 선택할 것이다. A는 회사에서 무슨 일을 하는지에 대한 공부도 하지 않았다. 반면 B는 회사의 각 부서가 어떤 역할을 하는지 알고 있고 업무에 맞는 역량까지도 파악한 것이다. 무엇보다 A는 회사가 자신과 맞지 않다고 생각하면 언제든 나갈 수 있는 사람처럼 보인다.

스펙 7종 중 업계과 직무에 따라 전혀 필요 없는 스펙도 있다. 어떤 업계에서 일을 하고 싶은지, 어떤 부서에서 당신의 역량을 발휘하고 싶은지 먼저 고민해볼 것을 추천한다. 성적에서 넘버원이 되려고 하지 말고 회사에서 원하는 온리원이 되어라.

당신이 취업이 안 되는 진짜 이유

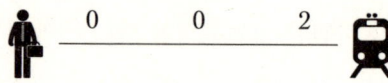

첫 공채부터 나와 같이 취업을 준비한 J라는 친구가 있다. J는 학점 관리를 꾸준히 했고 외국어 공부도 열심히 했다. 취업준비생의 필수였던 TOEIC 점수도 완만했지만 꾸준한 상승곡선을 그린 친구였다. 직장에서 일하면서 영어점수나 학점은 숫자에 불과하다는 사실을 알지만 당시에는 그 숫자가 엄청 중요한 줄만 알았다.

우리는 같은 시기에 각자 다른 곳에서 인턴생활을 했다. 인턴생활의 막바지가 되어 각자의 회사에서 정규직 전환 면접을 치르게 되었다. 나는 막연히 'J보다 내가 좀 더 스펙이 높으니 내가 먼저 취업하겠지.'라는 생각을 하고 있었다. 결과부터 말하면 나는 면접에서 떨어졌고 J는 S 전자에 최종 합격했다. 지금 그때 했던 생각을 떠올리면 웃음만 나올 뿐이다. 하지만 그 당시에는 정말 분하고 억울했다. 결국 회사가 달랐고 내가 채용인원이 적은 기업에서 인턴생활을 했기 때문이라고 나 자신과 타협했다. 그렇게 생각하는 것이 가장 마음이 편했다.

지금 생각해보면 과도한 스펙은 불필요하다는 것은 당연하다. 기계설계 엔지니어가 영어를 사용하는 빈도는 드물다. 회사에 입사하여 약 3년 이상 일하면서 영어를 직접 사용한 업무일수는 불과 10일 이하이다. 물론 해외장비의 매뉴얼과 도면은 영어로 되어 있다. 하지만 대부분 몇 단어만으로 구성되어 있고 모르면 인터넷에 물어보면 된다. 모든 대기업 직원이 직독직해가 가능한 것은 아니다. 반면 보고서 작성이나 구두 보고를 위한 자료를 정리했던 일수는 950일 이상이다. 직장생활은 조직생활이기 때문에 주어진 업무를 기한 내 끝내는 능력이 더 중요하다는 것은 직장인들이라면 모두 공감할 것이다. 맡은 직무에 따라 과도한 스펙이 아닌 기한 안에 업무를 마치는 능력이 더 중요할 수도 있다.

나는 대학생 시절, 무전여행과 국토대장정의 추억을 공유한 지인들끼리 삼삼오오 모여 등산가는 것을 좋아했다. 정상까지 오를 때는 땀도 나고 다리도 아프다. 하지만 정상에 올라 준비해 간 오이를 한입 가득 먹고 산바람을 맞으며 탁 트인 전경을 바라보면 가슴이 뻥 뚫린다. 전국 각지의 명산을 올랐고 야간산행도 가끔 할 만큼 등산을 좋아했다. 하지만 오랜 취업준비를 거치며 자존감이 떨어졌고 나는 '잠수

모드'로 돌입해 친구들과의 모임에서 잠적했다. 나 말고도 취업을 위해 잠적하는 사람들이 꽤 있었다.

그렇게 취업준비에 한창 열을 올리던 한 여름날 1년 만에 등산을 갔다. 국토대장정을 함께 했던 지인들과 산에 올랐다. 나이 또래가 비슷해 대부분 취업준비생이었고 그중 긍정적인 마인드를 가진 한 친구가 나에게 왜 이렇게 오랜만에 모임에 나왔냐고 물어보았다. 나는 귀찮다는 듯이 취업준비를 하느라 시간이 없고 취업준비의 끈을 놓칠까봐 모임에 참석하는 횟수를 줄였다고 말했다. 진심으로 인간답게 살고 싶어 악착같이 준비한다고 말했다. 그랬더니 나에게 이야기를 하나 해줬는데 아직까지 그 말이 생생히 기억난다.

"인간답게 살고 싶어서 준비를 하는데 그 과정은 인간답게 살고 있지 않네. 아무리 절실해도 그렇지 목표를 이룬 모습이랑 지금의 모습이랑 너무 다른 것 아니야? 집 밖에 나와서 운동도 좀 하고 사람도 좀 만나고 그래!"

이 책을 읽고 있는 취업준비생 독자들에게 1가지 질문을 하고 싶다. 당신은 왜 취업이 하고 싶어 하는가? 사람마다 각자의 사연이 있고 목표가 다르다.

초·중·고·대학생 시절 나는 하고 싶은 일들이 많았다. 그때마다 넉넉하지 못한 형편에 부딪혔고 포기해야 할 것들이 많았다. 그래서 나중에 커서는 하고 싶은 취미도 가지고 여행도 많이 다니고 원하는 물건을 큰마음 먹고 사고 싶었다. 자신이 하고 싶은 일들을 하며 산다는 것은 정말 멋있고 인간답게 사는 삶이 아닐까?

사실 '하고 싶은 일들을 하며 사는 삶'을 실천하는 것은 어렵지 않다. 예를 들어 내가 좋아하는 등산은 주말 하루만 투자하면 된다. 취업준비생들에게 기업이 채용공고를 띄우는 공채시즌은 바쁜 것이 사실이다. 하지만 그 공채를 준비하는 기간에도 하루 정도는 여유를 낼 수 있다. '그래도 하루하루 모이면 큰 시간이 될 텐데….'라는 생각을 가진 독자가 분명 있을 것이다. 스펙은 평소에 쌓는 것이다. 나의 경험상으로는 하고 싶은 일을 포기해 가며 모은 시간들은 유용하게 활용되지 않았다. 오히려 주말에 하루 등산을 가기로 계획하면 주중에 더 열심히 공부했다. 한 시간을 하더라도 몰입해서 했고 잠깐의 시간을 활용해 틈새공부도 시도했다. 사람은 목표가 생기면 놀라운 능력을 발휘한다는 사실을 직접 경험했다.

또 하나 강조하고 싶은 점은 하나의 취미생활에 몰입하고 나면 스스로의 모습을 되돌아볼 수 있다는 것이다. 나는 등산을 하며 아무 생각 없이 땀을 쭉 빼며 다음 정상에 오르면 머릿속의 잡념이 싹 사라진다. 등산을 마친 후 집에 돌아오면 내 모습이 좀 더 객관적으로 보였다. 매일 버스를 타고 지나치던 분식집이 친구와 이야기하며 걸어갈 때는 분식집 내부의 메뉴까지 보게 되는 것과 같은 원리다. 나는 이 원리를 '쉼표사용법'이라고 이름 붙였다.

이 책을 읽는 독자들에게 이 '쉼표사용법'을 사용하기를 권한다. 취업준비도 스마트하게 즐기면서 할 수 있다. 나는 취업준비생 시절 친구들과 여행을 하고 싶었고 공채를 마치고 여행을 갈 계획을 세웠다. 정말 신기하게도 그 친구들과 여행을 다녀온 다음 공채에서 취업을 했고 요즘도 그 친구들과 계속 여행을 다닌다.

여행이라는 목표가 생기니 내가 지금 해야 하는 세부적인 일정과 계획이 생겼다. 집중해서 계획을 세웠고 매일 계획한 것들은 그날 반드시 끝냈다. 만약 주어진 계획을 지키지 못한 상태에서 밤이 되면 약속을 취소했다. 그리고 일찍 마쳤다면 친구들과 가볍게 맥주도 한잔 했다. 술집에 가지 않고 조촐하게 편의점 앞 테이블 위에 맥주를 올려놓고 마시는 정도였다. 영어공부와 자격증 준비를 하며 도서관에서 나누는 이야기와 편의점 앞에서 밤바람을 맞으며 이야기하는 것은 분위기가 달랐다. 그리고 자신이 자신을 보면 객관적으로 보지 못하므로 진심어린 조언도 서로 해줬다. 인간은 자기 자신을 사랑하기 때문 자신에게는 관대하고 남에게는 엄격한 시선을 갖는다. 서로에게 도움이 되는 이야기를 해주었고 하루를 보람차게 보냈다고 느끼며 마무리할 수 있었다.

취업준비생의 마지막 목적지는 취업이다. 하지만 인생을 살아가는 데 마지막 목표는 아니다. 그저 크고 작은 목표 중 하나일 뿐이다. 언제든지 더 큰 목표를 가질 수도 있다. 그렇기 때문에 취업에만 목숨을 걸어서는 안 된다. 휴식을 취하는 것도 취업준비의 일부라는 사실을 기억해라. 음식을 급하게 먹으면 체하기 쉽다. '쉼표사용법'을 사용하며 지금 가고 있는 길이 맞는 방향인지 뒤돌아 확인해보자.

다시 처음으로 돌아가 J가 취업에 성공했고 내가 실패했던 이유를 떠올려보자. 나는 우리 둘의 차이점 중 가장 큰 것은 마음가짐이었다고 생각한다. 나는 이 사실을 입사 후에야 깨달았다. 취업은 끝이 아닌 또 다른 시작이다. '취업'이라는 산 하나를 넘으면 분명 또 다른 산이 당신을 기다리고 있다. 취업에만 목숨 걸지 않아도 된다. 그러기에는 인생이 너무 짧다. 자신이 하고 싶은 것도 하지 않고 먹고 싶은 것도 먹지 않고 일만 하면서는 절대로 살아갈 수 없다. 나도 취업준비생 시절엔 취업에 모든 것을 걸었지만 지금 돌아보니 조금 후회가 된다. 하고 싶은 일만 하면서 산다는 것은 쉽지 않지만 적어도 인간답게 살아야 하지 않겠는가. 혹시 지금 당신의 모습은 오로지 취업에만 집중하고 있는가? 인간답게 살기 위해 취업하는 것이라면 지금부터라도 인간답게 살면 된다.

입사의 기준은 도대체 무엇일까?

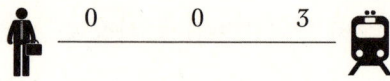

부끄럽지만 내 경험을 이야기해보려 한다. 나는 회사의 규모와 내 전공인 '기계공학'을 뽑는지만 확인하고 이력서를 적었다. 내가 들어본 그룹이라면 무조건 좋은 회사일 것이라고 착각하고 키보드를 두드렸다. 어떤 회사인지는 자기소개서 항목을 적다가 막히는 항목이 생길 때 확인했고 지원동기 항목이 없거나 어떤 회사인지 알 필요가 없으면 자기소개서를 복사해서 붙여 넣었다. 이렇게 성의 없이 지원서를 작성한 적도 있다.

당연히 내가 들어본 기업들은 B2C 기업들뿐이었다. 전자제품, 자동차, 통신사의 계열사를 가진 기업만을 알았고 유명하고 탄탄한 B2B 기업들은 알지 못했다. 취업준비를 갓 시작했을 때에는 내가 들어본

적 있는 회사에 입사할 것이라는 나만의 기준을 만들었다. 자연스럽게 많은 회사에 지원하지 못했고 결국 후회만 남았다.

그렇게 채용 한 시즌이 끝나고 나서 뒤늦게야 기업을 구체적으로 알아야겠다고 생각했다. 지원하고 싶은 회사 홈페이지는 물론 DART(금융감독원 전자공시시스템)에 들어가 사업내용과 재무제표까지 뒤지기 시작했다. DART에 게시된 자료는 허위로 작성된 것이 아니기 때문에 믿을 수 있었다. 재무제표에는 알 수 없는 숫자들이 많이 나와 있었지만 밤을 새워가며 열심히 기업조사를 했다. 기업조사에 열중하다 보니 상대적으로 시간이 촉박했지만 어떤 기업이 탄탄한 기업인지 알아낼 수 있었다. 사업보고서의 '분기보고서'를 주로 열람했고 주력사업, 신규사업, 재무현황 등을 파악할 수 있다. 사업내용을 보면 업계를 알 수 있었고 재무 건전성을 알 수 있었다. 내가 몰랐던 탄탄한 기업들도 발굴할 수 있었고 네임 밸류만 믿고 지원하는 생활은 끝이 났다. 건강한 회사에서 나의 사회생활을 출발하고 싶었기 때문이다.

그렇다면 회사가 생각하는 채용의 기준은 무엇일까? 서울 상위권 대학교 출신 지원자가 떨어지고 지방 사립대 지원자가 최종 합격하는 이유는 도대체 무엇인가? 취업준비를 막 시작했을 때에는 인사담당자가 채를 치듯 채용을 하는 줄로만 알았다. 가장 먼저 굵은 호두가 걸러지고 그 다음번에는 완두콩이 그리고 나머지 쌀, 조, 겨 순서로 말이다. 하지만 나와 같은 학교 친구들이 취업을 하는 것을 보고는 학벌을 보고 뽑는 것이 절대 아니라는 것을 체감했다.

회사는 함께 일할 사람을 뽑는다. 회사는 20원짜리 A4 용지도 아껴 쓰라고 말하지만 채용을 할 때에는 많은 직원들의 업무시간을 투자하고, 면접비와 면접장소를 대여하는데 금전적으로 많은 비용을 지출한다. 이처럼 함께 일할 사람은 중요한 것이다. 사람보다 유인원이 일을 더 잘하면 유인원을 뽑을 조직이 바로 회사다. 돈과 시간을 투자한다는 것은 회사로서 매우 중요한 일이라는 것이다. 세상을 살아가는 인간에게는 수많은 변수가 있다. 채용해서 2년 동안 일을 열심히 가르친 신입사원이 퇴사를 한다거나 사람과의 관계가 어려워 부서에 적응을 못하기도 한다.

'똑똑한 친구 뽑아서 잘 가르치자. 몇 번 하다보면 잘 하지 않겠어?'

위와 같은 생각을 가진 인사담당자가 있는 회사라면 신입사원과 함께하는 동료들이 괴로울 것이다. 업무를 배우고자 하는 욕구가 있는지도 의심스럽고 잘 적응하고 있는 것인지 아닌지도 구분이 안 된다면 함께 일하는 동료들이 힘들다. 그 힘듦은 어디로 돌아갈까? 결국 돌고 돌아 신입사원에게 가지 않을까? 줄 세우기식 채용을 하는 기업에는 들어가지 말라고 권하는 이유다.

취업이 어렵기 때문에 뽑아주기만 하면 당신이 원하지 않는 곳에서도 정말 열심히 일할 수 있다고 생각하는가? 아마 어려울 것이다. 당신이 취업할 직장은 분명히 있다. 당신의 경험과 가치를 믿고 당신이 원하는 직무를 찾아라. 친구들과 어울려 다니며 놀기를 좋아했는가? 그렇다면 대인관계 능력과 스트레스 관리 능력이 좋을 것이다. 혼자 블록 맞추기를 좋아했다면 꼼꼼함을 인정받을 수 있겠다. 정말 아무것도 이룬 것이 없다고? 아니다. 분명히 있다. 지금 생각을 해내지 못할 뿐이다. 기업은 당신의 그 경험을 듣고 싶어 한다.

회사도 그들만의 입사기준이 있다. 분명한 점은 그것이 스펙은 아니라는 것이다. 기업마다 중요한 시기가 있고 그 시기별로 원하는 인원이 있다. 앞으로의 3년이 중요하다면 몇 명의 경력사원만 뽑을 수도 있고 기업의 15년 후를 바라보고 똘똘한 신입사원을 꽤 필요로 할지도 모른다. (일반적으로 대기업의 CEO 및 임원은 단기 계약직이다. 따라서 단시간에 눈에 띄는 성과를 내기를 원한다. 경력사원의 실력을 갖춘 신입사원을 원하는 이유는 바로 이 때문이다.)

내가 느낀 잘나가는 기업의 채용방식은 지원자의 과거가 아닌 미래를 보고 뽑는 것이다. 미래를 보고 뽑는다고? 지원자의 미래를 볼 수 있는 가장 쉬운 방법은 그 과거를 보고 유추해 내는 것이다. 과거의 경험은 단순하게 스펙에 나와 있는 숫자만이 아니다. 진솔한 지원자의 스토리와 과거 경험에서 느낌 점을 들어보면 앞으로 회사생활을 하며 펼쳐질 미래가 짐작이 간다. 성장할 모습을 그려보고 회사에서 추구하는 방향과 겹쳐봤을 때 얼마나 회사에 성과를 가져다줄 수 있을지 보고 인력을 채용한다. 이것이 바로 미래를 보고 신입사원을 채용하는 방식이다.

 정리한다면 회사가 생각하는 입사의 기준은 정할 수 없다는 것이다. 회사마다 미래라고 생각하는 기간이 다르다. 지금 당장의 일이 급한 기업도 분명히 존재한다. 의사전달만 확실하면 단기간에 수익을 낼 수 있는 기업이 있고 개발에 몰두해야 하므로 넉넉한 기간을 두고 회사의 미래를 상상하는 기업도 있다. 작년의 입사기준과 올해의 입사기준이 또 다를 수 있다. 회사마다, 시기마다, 사업장 규모마다 모두 다를 것이다. 즉 회사의 기준은 명확하지 않기 때문에 여기에 얽매이면 취업준비생만 힘들다는 이야기다.

 입사의 기준은 얼마나 회사와 쿵짝이 잘 맞느냐이다. 입사의 기준에 너무 얽매이지 마라. 회사에서는 월급을 주고 회사와 함께할 사람을 찾고 있다. 절대로 당신의 학벌이 낮고 자격증이 없어서가 아니라는 말이다. 나도 취업하기 전에 회사의 전체 시스템을 볼 줄 몰랐다. 당신이 잘할 수 있는 직무만 제대로 파악한다면 회사에서는 당신을 열렬히 환영해준다는 사실은 분명하다. 회사에서 일하는 모습을 떠올려보고 해당 직무에서 필요한 역량을 어필하면 분명 좋은 결과가 따라온다.

취업에 대한 고정관념을 깨라

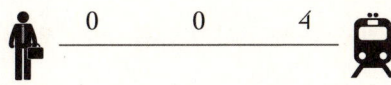

아직도 우리나라는 다른 사람들과 비교하는 문화가 있다. 씁쓸한 현실이다. 취업에서도 마찬가지다.

어디에 취업했냐는 질문에 "저는 아직 못 했어요." 또는 "집에서 가까운 A 중소기업에 취업했어요."라고 대답을 하면 "요즘 취업이 얼마나 힘든데 어디 들어갔는지가 뭐가 중요하니? 일자리 하나라도 구한 것이 얼마나 좋은 것인데! 너를 뽑아준 회사가 젤 좋은 회사지. 열심히 다녀. 그리고 젊었을 때는 많이 배워야 해. 다양한 경험을 배울 수 있는 회사일수록 더 좋아!"라고 말해주는 어른들은 별로 없다. 취업을 했지만 힘이 나질 않는다.

책의 초반부에 언급했듯 세상이 바뀌었고 취업시장도 점점 변하고 있다. 하지만 이 변화를 아직 못 느끼는 어른들이 계신다. 대학교를 가면 모두 대기업에 취업하는 줄로만 안다. 안타까운 점이 하나 더 있다면 나를 위한 취업이 아닌 '부모님을 위한 취업'을 준비하는 취업준비생들이 아직 많다는 점이다. 오랫동안 가족의 품에서 지내는 우리나라 문화의 특성상 어색하지는 않다. 하지만 결국 일하는 것은 나 자신이고 돈을 버는 것도 나 자신이고 돈을 쓰는 것도 나 자신이라는 점을 생각하면 조금 안타깝다는 생각이 든다. 이제 학생마인드를 가져서는 취업하기가 힘들다. 병아리가 알에서 깨어나 닭의 품을 벗어나듯 사회로 독립할 시기는 바로 지금이다. 결정의 중심에는 나 자신을 세우고 부모님과 친구들의 조언은 참고만 하도록 하자.

이번 장에서는 당신이 취업하고 싶은 회사를 정하는 비법을 알려주겠다. 비법 전수에 앞서 흔히들 가지고 있는 고정관념에 대해 몇 가지를 설명하겠다. 첫째, 이름이 유명한 대기업이라고 다 좋은 것은 아니다. 들어가기 힘든 것에는 이유가 있겠지만 들어가기 힘든 회사라고 해서 모두 좋은 회사는 아니다. 둘째, 돈을 많이 주는 기업이라고 다 좋은 것은 아니다. 하루에 몇 시간만 자면서 하고 싶지 않은 일들을 억지로 하며 돈을 버는 것은 상상만으로도 고역이다. 돈 돈 돈 하는 사람들은 결국 돈을 벌어도 쓰는 것을 아까워하거나 허투루 쓰는 경우가 많다. 돈보다 더 가치 있는 것들은 많다. 건강, 가족, 시간 등 돈만 생각하지 말고 왜 취업을 하고 싶은지 다시 한번 생각해보자. 셋째, 공기업이라고 모두 신의 직장은 아니다. 많은 이들이 공기업 입사에 목숨을 건다. 나도 그중 1명이었다. 공기업이 아니면 입사를 하지 않을 것이라고 했지만 지금 회사에서 업무를 즐기고 주변 사람들로부터 인정받으며 회사생활을 잘하고 있다. 나라를 위해 일하고 싶은 것이 아니라 일을 조금만 하고 돈을 많이 받을 수 있다는 생각은 당신의 취업준비 기간을 더욱 힘들게 할 것이다.

그럼 도대체 어느 회사가 좋은 회사인가? 당신이 원하는 회사가 최고의 회사다.

나는 취업하고 싶은 회사를 정할 때 크게 4가지를 기준으로 선정했다. 연봉, 네임 밸류(기업인지도), 조직문화, 성장가능성(회사가 아닌 자신의 성장가능성을 뜻한다)이다. 직업이 아닌 직장의 기준 중 당신이 원하는 우선순위는 무엇인가? 나 같은 경우는 조직문화 - 연봉 - 성장가능성 - 네임 밸류 순이었다.

취업준비에 한창일 때 얻은 깨달음 중 가장 큰 것은 내가 왜 취업하고 싶은가에 대한 대답을 찾은 것이다. 나는 사람답게 살기 위해 취업하고 싶다는 생각을 했다. 그래서 우선순위 중 첫 번째가 돈은 일한 만큼만 받고 돈을 가치 있게 쓸 수 있는 '시간'이 있었으면 좋겠다는 생각을 많이 했다. 배우고 싶은 운동도 배우고 여행도 다니며 평생을 젊게 살고 싶다는 생각을 했는데 그 꿈을 이루기 위해 가장 필요한 것은 시간과 돈이었다. 직장인의 퇴근 후 시간과 주말근무 여부는 직장 내 조직문화가 좌지우지하기 때문에 조직문화를 1순위로 두었다. 그 다음 중요하게 생각하는 것은 물론 돈이다. 돈이 없으면 제한되는 점이 많다. 사람들은 돈이 많았으면 좋겠다고 생각한다. 나도 여전히 경제적으로 여유를 갖고 싶다.

언급한 2가지가 만족한다면 무엇을 하고 싶은지에 대해 고민해보았다. 앞으로는 평생 직장이 없어지고 평생 직업은 유지될지도 모른다. 그래서 회사의 업무를 충실히 하며 나도 함께 성장할 수 있으면 좋겠다는 생각을 했다. 그리고 마지막이 네임 밸류다. 주중에는 열심히 업무를 하고 주말에는 친구와 가족들과 시간을 보낼 것이다. 그래서 나는 네임 밸류를 최우선순위로 삼지 않았다.

내가 근무하고 있는 직장에 대한 이야기를 잠시 들려주겠다. 먼저 조직문화를 최우선으로 생각했는데 그 부분에서는 성공했다고 자신 있게 말할 수 있다. 회사 내에서 가장 좋아하는 문화는 대부분의 사람들이 근무시간에 130% 집중을 한다는 것이다. '어차피 야근할 것인데 저녁 먹고 마무리하자.'는 식의 사고를 가진 사람은 거의 없다. 아무리 많은 업무가 주어졌어도 나에게 주어진 미션을 마무리해야지 스스로의 퇴근을 허락한다. 업무량이 정해지면 나는 무슨 수를 써서라도 오후 5시 전까지 마치려고 노력한다. 주어진 업무를 마치면 퇴근을 한다. 아직 고高직급이 아니기 때문에 눈치가 조금 보일 때도 있지만 자신이 주어진 일을 마치면 퇴근할 수 있는 문화다. 이런 조직문화를 누리며 직장생활을 하고 있는데 만약 '일은 오래하는 것이 잘하는 것이고 밤을 많이 새는 직원이 열심히 일하는 직원'이라는 분위기가 온다면 나의 직장생활은 어떻게 될까? 끔찍하다.

각자 선호하는 가치가 다를 것이다. 여기에는 답이 없다. 하지만 자신만의 기준은 분명히 있어야 한다. "저는 결정장애라는 이야기를 많이 들어요. 잘 못 고르겠어요."라고 생각하지 말고 시간을 가지고 천천히 고민해보자. 모든 항목이 좋지만 그중에 가장 원하는 것이 무엇인지 신중하게 고민해보자. 목표가 생기면 계획을 세우기 쉽고 계획이 구체적이라면 실천으로 옮기며 그 목표에 점점 가까워지는 것이다.

취업에 대한 고정관념을 깨기 위해 가장 먼저 해야 할 행동은 자신만의 취업관을 가지는 것이다. 나를 포함해 대부분의 취업준비생들이 취업에 대한 막연한 걱정만 했다. 진지하게 어떤 직업을 가지고 어떤 직장에 들어가고 싶은지는 고민해보지 않고 취업준비생 궤도에 올랐다. 당신은 아직 늦지 않았다. 늦었다고 생각할 때가 가장 빠른 때이다. 나에게는 취업관을 가지라고 조언해주는 사람이 없었다. 당신이 어떤 사람이고 무엇을 원하는지 고민하고 또 고민해보자. 가치관을 가지고 취업하는 것과 그렇지 않고 취업하는 것은 어마어마한 차이다.

우리나라는 자신의 가치관을 정립할 시간이 비교적 많이 없었다. 하지만 자신의 정체성과 가치관은 취업을 하는 것만큼이나 중요하다. 왜 내가 살아가고 있으며 왜 일을 하며 돈을 버는지를 뚜렷한 가치관을 가진다면 회사의 업무에만 매달리지는 않을 것이다. 남들이 알아주고 연봉을 많이 받는 곳에 취업해야 취업을 잘했다는 고정관념에서 벗어나자. 타인의 시선에 당신을 한계 짓지 말고 스스로가 진정으로 원하는 취업에 도전하자.

취업에서 수저의 색깔은
중요하지 않다

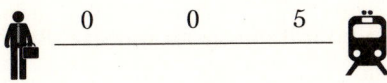

　삼성맨으로 입사한 나는 대표적인 흙수저의 삶을 살았다. 학창시절 아버지의 사업 실패로 인해 점점 작은 집으로 이곳 저곳 이사를 다녀야 했다. 집의 크기만 줄어든 것이 아니었다. 도심에서부터 떨어진 외곽지역으로 이사했기 때문에 버스와 지하철이라는 유용한 대중교통은 없었고 귀뚜라미가 우는 논과 밭만 가득했다. 집에서 가장 가까운 버스정류장은 걸어서 20분 거리였고 버스 노선이 단 하나뿐이었기 때문에 제시간에 약속 장소에 도착하려면 다른 친구들보다 1시간은 일찍 집을 나서야 했다.

　가장 슬픈 날은 추석과 설날이었다. 부모님과 형 그리고 나 이렇게 네 식구가 아버지의 고향집으로 이동해야 했지만 우리 집의 자동차는 3인용 중고 트럭이었다. 한번에 네 식구가 이동할 수 없어 명절만 되면 형과 나는 새벽 첫차를 타고 이동했다. 이런 환경 속에서도 나는 할 수 있다는 믿음으로 남들이 부러워하는 좋은 기업에 당당히 취업했다.

"If you are born poor it's not your mistake. But if you die poor it's your mistake(가난하게 태어난 것은 너의 실수가 아니다. 죽을 때도 가난한 것은 너의 실수다)."라는 빌 게이츠의 명언이 있다. 나는 흙수저의 삶을 경험해보았기 때문에 더 이상은 가난하게 살고 싶지 않았다. 독한 마음을 먹고 공부한다면 나도 무엇인가를 해낼 수 있다고 믿었다. 어머니의 "너는 어린 시절 머리가 좋았으니깐 노력만 하면 금방 좋은 결과가 있을 거야."라는 말씀을 믿고 학업에 매진했다.

고등학교 1학년, 공부를 이제 막 시작했다. 초반에는 아무리 노력해도 결과는 눈에 띄게 달라지지 않았다. 하지만 강한 사람이 오래가는 것이 아니라 오래가는 사람이 강한 사람이라고 했던가. 학교에서 겨울방학이 시작되었을 때부터 조금씩 변하기 시작했다. 나는 방학을 방학이라고 생각하지 않았다. 오전 8시에 독서실로 등교해 오후 10시까지 공부를 했다. 결과는 2학년 첫 시험에서 나타났다. 학급석차 20등 상승. 단숨에 학급석차를 한 자리수로 만들어 버렸다. 다른 친구들이 대단하다고 이야기를 했지만 신기하게도 내 귀에는 들리지 않았다. 나의 마음의 소리에만 집중했다.

'하면 되는구나.'

독한 마음을 먹고 남들보다 5배 10배로 노력하니 눈에 띄는 결과가 나왔다. 달라진 결과를 눈으로 확인이 되니 공부에 조금씩 흥미가 생겼고 꾸준히 노력했다. 나는 공부를 머리로 할 수도 있지만 엉덩이로 할 수 있다는 것을 깨우쳤다. 공부에 집중하기 위해 의자에 엉덩이를 붙이고 3시간은 거뜬히 앉아 있었다.

취업도 마찬가지다. 집중해서 오래 앉아있으면 나아가야 할 방향이 보인다. 하지만 반드시 집중해야만 한다. 스마트 폰을 끄고 친구들과 커피 한잔이라는 유혹을 뿌리치고 원하는 직장에 취업하는 생각에만 집중해야 한다. 얼마나 집중해야 하냐고 묻는다면 알파고를 이겼을 때의 이세돌만큼만 집중해보라고 답해주겠다. 당신의 집중력의 끝이 어디인지 시험해본 적이 없다면 집중력의 끝을 한번 시험해보길 바란다. 취업을 향해 퀀텀점프를 할 것이고 점점 합격률이 높아질 것이다.

나에게 가장 효과적이었던 취업의 추월차선을 공개하겠다. 그것은 바로 독서다. 이 책 외에도 9권의 취업 관련 책, 즉 취업과 관련된 책을 10권만 읽으면 합격으로 가는 길이 훤하게 보일 것이다. 길이 밝혀지면 노력이라는 내 다리로 그 길을 묵묵히 걸어가면 된다. 적어도 방향은 알고 시작해야 하지 않겠는가? 왜 독서를 선택하게 되었는지 자세히 설명해보겠다.

　나는 취업준비를 할 때에도 모교를 방문한 학교 선배들을 자주 만났다. 선배들은 후배들을 위해 학교 밖에서 펼쳐지는 다양한 이야기를 들려주었다. 학교 밖을 구경해보지 못한 후배들에게는 신선함 그 자체였다. 철저한 평가주의, 도무지 끝날 기미가 보이지 않는 크고 작은 회식들, 앞으로의 인생 계획, 소개팅과 맞선, 달콤한 월급과 연말 보너스 등 취업하지 못 한 자들은 경험할 수 없는 이야기들이었다. 하지만 나는 그 당시 내가 원하는 곳에 취업을 하고 싶다는 생각이 가장 컸었고 취업준비를 했던 노하우를 말씀해주실 때 귀를 쫑긋 세우고 듣고 있는 내 모습을 발견했다. 이야기를 다 듣고 나면 한두 줄 정도의 나만의 결론이 나왔고 나는 그것을 되새기려고 노력했다.

　일상적인 어느 날 집으로 걸어가는 길에 이런 생각을 했다. '취업을 먼저하고 성공한 선배들의 이야기를 언제나 어디서나 들을 수 있는 방법은 없을까? 그 이야기들의 핵심 노하우만 따로 적어 놓은 노트는 없을까?' 엉뚱한 생각이라고 생각했지만 동시에 답을 찾을 수도 있겠다는 생각을 하니 어느새 집에 도착해 있었다. 집에 도착한 후 샤워를 위해 탈의를 하던 중 책장에 꽂힌 취업 관련 책 1권을 발견했다. 형이 취업을 위해 사 놓은 책이었다. 샤워를 마친 후 그 책을 순식간에 읽었고 큰돈을 들이지 않고 전문가를 만나 노하우를 배울 수 있는 가장 효과적인 방법은 독서라는 것을 느꼈다. 그 당시에도 넉넉한 형편이 아니었기 때문에 '좋은 직장에 빨리 취업하자!'라는 생각을 늘 가지고 있었다.

다음날 대형 서점에 들러 취업에 관련된 도서들을 5권 정도 구입했다. 1권씩 읽을 때마다 시행착오를 줄이는 방법들을 깨달았다. 시행착오를 겪었던 취업 선배들의 입장이었으므로 실천하기가 매우 쉽다는 식으로 적혀 있었다. 처음에는 막막했지만 나도 쉽게 생각하고 행동할 수 있다고 믿고 실천으로 옮겼다. 좋은 곳에 입사해 취업한 나보다 기뻐하실 부모님, 몇 달치 월급이 한꺼번에 들어오는 연말 보너스, 이름만 들으면 알 수 있는 기업의 네임 밸류, 퇴근 후 운동과 자기계발을 할 수 있는 일과 생활의 조화 등 원하는 모든 요소들이 포함되어 있는 기업에 입사하는 상상을 매일 했다. 그리고 이 모든 것을 만족하는 회사에 입사하겠다는 목표를 세웠다.

형편이 좋지 않아도 내가 원하는 기업에 취업할 수 있다. 매년 수능성적 발표 날이 되면 경제적으로 넉넉하지 못해 학원 한번 제대로 다녀본 적이 없지만 만점에 가까운 수능성적표를 받은 학생들이 신문기사로 나오지 않는가? 사회적 편견이나 인터넷에 떠도는 이야기들은 그대로 받아들이지 말고 한번 더 생각해볼 필요가 있다.

취업 준비 중 수저의 색상이 중요하지 않다는 사실을 믿어라. 금수저도 은수저도 아닌 나도 성공적으로 취업했다. 물론 단번에 취업에 성공하지는 못했다. 그런들 어떠한가? 넘어지면 다시 일어나 툭툭 털어버리면 된다. 취업에서는 열정의 색깔이 수저의 색깔을 이긴다. 당신의 열정을 확실한 취업전략과 철저한 직무분석에 쏟는다면 좋은 소식이 뒤따를 것이라고 확신한다. 취업이라는 장거리 달리기에서 넘어졌다면 수저의 색을 탓하지 말고 당신의 열정적인 초심을 돌아보자.

취업에도 밀물과 썰물이 있다

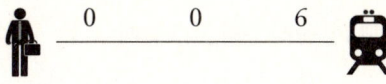

하루가 다르게 시대는 변하고 있다. 그것도 엄청나게 빠른 속도로 말이다. 어린 시절 구멍 난 동전이라고 불렸던 버스토큰은 사라졌고 현금으로 버스비를 지불하는 사람도 찾아보기 힘들다. 이전 세대에서는 버스안내원이 승차표와 돈을 받았다고 아버지께 들은 적이 있다. 하지만 이제 버스안내원은 대한민국에서 찾아볼 수 없게 되었다. 시대에 맞게 직업과 업계종사자도 변화한 것이다.

나는 대학교 전공을 선택할 때 직업에 대해서 고민을 했었다. 그 당시 내가 가장 가고 싶었던 학과는 수학교육과 또는 체육교육과였다. 친구들에게 재미있게 이야기할 때가 즐거웠고 남의 고민을 들어줄 때에는 120% 집중하는 나의 모습을 알고 있었기 때문이다. 가장 자신 있는 과목도 수학, 체육 두 과목이었고 특히 답지와 다른 방식으로 수학문제의 정답을 맞혔을 때가 가장 짜릿했다.

나의 솔직한 생각을 담임선생님께 말씀드리니 지금의 생각과 나중의 생각이 다를 수 있다며 사회에서 수요가 많은 학과를 선택하는 것이 유리할 것이라고 말씀하셨다. 그렇게 나는 공과대학과 자율전공을 추천받았고 어디로 가는 것이 맞는지 고민했다. 자율전공은 대학교 생활을 겪어본 후 전공을 선택할 수 있다는 장점이 있었고 공과대학은 취업이 잘 된다는 장점이 있었다. 모든 요소들을 종합해보았을 때 기계공학으로 진학하는 것이 가장 유리했다. 자동차, 조선, 건설, 철강 등 기계공학이 필요하지 않는 제조업이 없기 때문에 기계공학 전공자는 늘 인기 있다는 것이다. 졸업할 때가 되었을 때 내가 원하는 곳으로 취업할 수 있다는 점이 가장 큰 매력이었다. 결국 나는 기계공학으로 전공을 정했고 잘한 선택이라고 나를 다독였다.

예전이나 지금이나 기계공학은 조선업에서 가장 선호하는 학과 중 하나다. 기계공학 전공자 역시 조선업에 몸담는 것을 영광으로 생각했다. 돈도 많이 받고 대한민국이 조선업계에서 세계 1위라는 자부심을 가지며 일했다. 하지만 내가 졸업하는 시기에는 분위기가 전혀 달라졌다. 조선업계에서는 매년 적자만 쌓였기 때문에 전공과 무관하게 인력을 줄이고 있었다. 중국에서 조선업계 기술력을 높이고 단가는 낮추어 수주를 독식한 것이다. 가격경쟁력에서는 중국에게 밀렸고 기술력에서는 전쟁을 거치며 과학기술이 발달한 영국·독일·일본 등 선진기술을 가진 나라들에게 치였다. 우리나라는 어느 곳에도 속하지 못한 딱 어중간한 위치가 된 것이다.

조선업은 유망했지만 수주를 많이 따내지 못하면 많은 직원이 필요가 없었다. 하지만 나는 대학교 입학 때 기계공학과 졸업생의 절반 정도가 조선업계로 취업할 수 있다고 전해 들었고 취업 시장에 뛰어들기 전까지 그 소문을 믿고 있었다.

매일 신문을 읽지 않은 탓일까? 나는 현실감각이 다소 부족했다. 취업준비생이었던 시절 내가 하고 싶은 업계에 많이 지원했다. 세계에서 가장 높은 빌딩인 부르즈 할리파를 건설한 회사에 지원했고 산업의 쌀이라고 불리는 철강을 생산하는 대기업의 면접도 봤다. 조선, 건설, 철강 등 주로 중후장대重厚長大한 업계에 대한 욕심이 있었다. 나는 잘할 자신이 있었고 적합한 인재라고 생각했다. 하지만 당시 취업시장에서는 잘할 자신이 있는 인재가 필요한 것이 아니었다. 반드시 필요한 최소한의 인력만이 필요했다.

나의 취업준비 기간이 길어진 이유 중 하나는 취업의 흐름을 읽지 못하고 여기저기 지원한 것도 한 몫을 한다. 취업시장에도 썰물과 밀물, 파도의 고저가 존재한다. 그 사실을 알아차리지 못한 채 어린 시절부터 꿈꿔오던 업계에만 지원했으니 줄줄이 낙방했을 만도 하다. 그 당시에는 건설업계와 조선업계에서 그토록 일을 하고 싶었다. 하지만 지금은 내가 하고 있는 일이 너무 좋아서 조선업계의 헤드헌터가 같이 일하자고 제안을 해와도 단칼에 거절할 것이다.

tvN의 드라마 〈응답하라 1988〉에서 드라마가 끝날 무렵인 1995년, 성동일은 명예퇴직을 당한다. 명예퇴직을 당한 중요한 요인 중 하나는 현금자동입출금기$^{Automatic\ Teller's\ Machine,\ ATM}$의 도입이었다. 은행 창구에 방문해 출금을 요청하고 신분 확인 후 현금을 인출해주는 업무를 대신하는 기계가 등장한 것이다. 은행 입장에서는 많은 은행원들이 필요하지 않다는 생각이 들 수밖에 없다.

얼마 전 신문에서 이와 비슷한 소식을 접했다. 은행의 많은 지점들이 통합한다는 것이다. 서로 다른 두 동네의 지점을 하나로 합쳐 점포수를 줄이고 차츰 은행원의 인원수도 줄여나간다는 것이다. 이 현상의 출발도 인터넷·모바일뱅킹과 핀테크의 활성화이다. 은행을 찾는 사람의 수가 점점 줄고 있다. 사실 나조차도 은행 업무를 핸드폰으로 처리하고 있다.

안타깝지만 지금 금융업계는 썰물인 시기이다. 누가 금융업계에서 IT 관련 경험자와 컴퓨터 프로그래밍 전공자를 선호하는 시대가 올 줄 알았겠는가.

나는 10년 전에 태어났다면 분명 조선업계에 취업해 구조물을 설계하고 현장에 나가서 안전점검을 하는 직장인이 되어 있었을 것이다. 또 누군가는 예쁜 유니폼을 입은 행원이 되어 꼼꼼하게 일 처리를 하고 있을 것이다. 당신이 못나서 취업준비기간이 길고 힘든 것이 아니다. 지금 시대적 흐름이 그런 것이다. 일자리가 과거에 비해 복잡해졌고 새로 생기는 일자리와 사라지는 직업의 종류가 많아지는 혼란스러운 시기에 태어났을 뿐이다. 스펙이 부족하고 스토리가 부실해서 떨어진 것이 아니다. 취업시장이 잠시 썰물인 것이 원인이다.

하루마다 기존의 직업이 사라지고 새로운 직업들이 생겨난다. 처음 들어보는 직업인데 어떻게 취업준비생들이 그 미래를 알고 사회생활의 시작을 자신 있게 맡길 수 있겠는가. 당신이 못나서 취업이 힘든 것이 절대로 아니다. 지금 취업의 시대가 그런 것이다. 남들과 함께 피터지게 싸우는 레드오션은 사람들이 넘쳐나고 사람들이 비교적 적은 블루오션은 미래가 불투명하다. 과거에 유망했던 직업이 미래에도 유망할 것이라는 생각은 잠시 내려놓자.

여기서 독자들에게 하고 싶은 말은 '하고 싶은 일을 찾아보자!'는 것이다. 언제 밀물이 되고 썰물이 될지는 가늠하기 힘들다. 그렇기 때문에 하고 싶은 일을 하라고 조언해주고 싶다. 춥고 배가 고파도 자신이 좋아하고 잘할 수 있는 일을 한다면 행복하게 따뜻한 봄날을 기다릴 수 있지 않을까 생각해본다.

생각을 바꾸면 취업이 쉬워진다

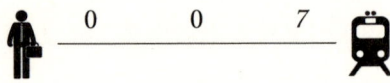

얼마 전 무라마츠 다츠오의 저서 《고객의 80%는 비싸도 구매한다!》를 읽은 적이 있다. 이 책에 나온 핵심내용은 단가를 무작정 낮춘다고 해서 상품이 많이 팔리고 이윤이 창출되는 것이 아니라는 점이다. 즉 단가가 낮추어 박리다매薄利多賣를 실행에 옮겨도 바쁘기만 하고 수익성은 낮다는 것이다.

이 책을 읽고 대한민국 청춘들에게 권해주고 싶었다. 우리나라 청춘들은 자신의 가치와 경험을 아주 낮은 가격으로 책정해 될 대로 되라는 식으로 판매하고 있기 때문이다. 나는 늘 취업의 핵심은 '자신을 세일즈하는 방법'이라고 강조한다. 취업은 세일즈다. 당신이 알고 있는 지식, 당신이 겪은 경험 그리고 경험에서 얻은 깨달음. 그것이 바로 회사가 구매하고 싶은 상품이다.

당신이 경험한 일들을 똑같이 겪은 사람은 단 한 사람도 없다. 당신이 겪은 경험의 가치는 당신이 매기면 된다. 나는 사소한 경험이라도 진심으로 느꼈다면 자기소개서와 면접에서 어필할 것을 강력하게 추천한다. 자기소개서 항목이나 면접질문과 딱 맞아 떨어지는 경험을 했지만 이를 어필하지 않는 지원자들을 많이 봐왔다. 그들이 어필하지 않는 이유는 '다른 지원자들도 똑같은 경험을 했을 것 같아서', '너무 평범하기 때문에 임팩트가 없을 것 같아서', '일기장에나 쓰는 사소한 이야기를 중요한 자리에서 말하는 것 같아서' 등이었다.

취업은 철저히 세일즈다. 당신의 모습을 바꾸어준 경험이 하나라도 있다면 당신과 함께 그 경험을 묶음으로 판매해라. 같은 경험을 했더라도 다른 느낌을 받았다면 서로 다른 경험을 한 것이다. 말하기 전부터 겁먹을 필요는 전혀 없다. 또 당신이 겪은 경험이 평범하다고 느껴진다면 조미료를 적절히 첨가하면 된다. 자기소개서의 경우 남들이 겪어보지 못한 단어들로 위장하면 절대로 평범해 보이지 않는다. 핵심 내용은 변화된 당신의 생각이지 그 경험이 일어났을 때의 상황이 아니다. 당신의 변화에 초점을 맞추고 주변상황을 좀 더 극적으로 만들어보자. 회사가 당산의 경험을 갖고 싶어 할 것이라고 확신한다.

신입사원을 채용에 있어 스펙은 숫자에 불과하고 경험과 경력에 더 가중치를 둔다는 점을 인정했다. 스펙으로 신입사원을 채용을 하지 않는 이유는 다음과 같다.

　회사는 토익점수가 950점인 지원자와 750점인 지원자 중 어떤 지원자를 더 좋아할까? 일차원적으로 본다면 더 높은 점수를 가진 지원자를 선호할 것이다. 그 이유는 회사에 입사한 후에 누가 더 기업에 이익을 더 많이 가져다줄 것인지 예상하기 때문이다. 하지만 영어공부를 잘하는 것과 업무에서 성과를 내는 것의 연관성이 전혀 없는 직무도 많다.

　당신의 스펙이 낮아도 겁먹을 필요가 없는 이유는 자기소개서 작성 시 당신의 입사 후 가치를 판매하면 되기 때문이다. 기업들은 이제 고학력, 고스펙에 속았다. 스펙은 보통만 갖추었더라도 직무에 대한 이해를 확실히 한 지원자를 원한다. 스트레스 관리를 잘하며 조직생활에 적응하고 퇴직할 확률이 없어 보이면 금상첨화다. 다른 어떤 고스펙 지원자보다 매력적인 지원자가 되는 것이다.

　이 외에도 회사의 채용에서는 참으로 많은 아이러니가 존재한다. 요즘 취업의 트렌드는 스펙이 아닌 스토리로 신입사원을 뽑는 것이다. 하지만 더 가치 있는 경험을 했거나 화려한 경력이 있더라도 월급을 더 많이 주지는 않는다. 회사에 더 많은 기여를 하는 부서에서 일하거나 남들이 할 수 없는 복잡한 업무를 맡아도 월급은 똑같다. 말 그대로 아이러니다. 채용할 때에는 경험과 능력의 가치는 인정하면서 월급을 배분할 때에는 일괄적으로 계산한다.

　미국의 면접에서는 우리나라와 달리 아주 좋은 문화가 있다. 바로 월급에 대해서 자연스럽게 이야기하는 분위기가 존재한다는 것이다. 받고 싶은 연봉이 얼마인지 당당하게 이야기할 수 있다. 받고 싶은 만큼 받을 수는 없을지도 모르나 요구는 할 수 있다. 우리나라의 면접에서 이런 이야기를 했다가는 돈 밝히는 돈벌레로 낙인 찍히기 십상이다.

나는 이 문화는 미국이 '맞다'고 생각한다. 문화 차이는 다르다고 표현하는 것이 더 정확하다는 것을 알지만 '맞다'고 표현하고 싶다. 우리가 취업을 하는 이유는 돈을 벌기 위해서이다. 회사에 놀러가는 것도 아니고 친구를 만들기 위해 가는 것도 아니다. 당신의 시간을 할애해서 기업의 이익을 올려주는 '업무'를 위해 회사에 출근하는 것이다. 그럼에도 불구하고 월급은 기업이 주는 대로 받아야만 한다. 주는 대로 받는 것이 당연하기 때문이다.

여기서 우리는 관점을 바꾸어볼 필요가 있다. 관점을 바꾸면 취업이 쉬워지기 때문이다. 우리는 취업을 희망하는 취업준비생이다. 최종 합격을 하면 회사가 정해준 월급을 받는 것이 당연하다. 왜냐하면 월급을 주는 대로 받는 것이 당연한 분위기이기 때문이다. 그렇다면 자기소개서나 면접에서는 어떨까? 자기소개서에서도 당연히 뽑혀야 하는 자기소개서가 있을 것이고 면접에서도 자연스럽게 후보에 오르는 지원자가 생길 것이다. 왜 이들은 당연하게 뽑히는가? 이들을 채용하면 회사에 이익이 되고 인사담당자는 인사팀장님께 업무를 잘했다고 칭찬을 받기 때문이다. 그 당연함이 무엇인지만 알면 채용은 너무나도 쉽다.

  1줄로 요약해 정리하자면 회사에 입사한 후에 무슨 일을 하게 되는지 구체적으로 알면 된다. 어떤 업무를 맡을지 예상이 되면 그 업무를 잘할 수 있다고 대답하면 된다. 어떻게 그 말을 믿을 수 있냐는 질문에 대한 답변만 준비하면 끝이다. 그래서 이토록 직무에 대해서 강조를 했고 스펙이 아닌 스토리를 강조한 것이다. 인사담당자의 눈에 띄도록 스토리를 구성하고 입사 후 맡게 될 업무만 제대로 파악하면 취업은 쉽다. 정말로 쉽다.

  당신이 갈 수 있는 회사를 본인이 한정 짓지 마라. 취할 수 있는 기업은 무궁무진하다. 하지만 단 한군데만이 당신과 인연을 함께할 것이다. 앞으로는 100세시대가 펼쳐질 것이므로 첫 직장에 목숨을 걸지 않아도 된다. 경쟁력을 높이고 당신의 능력을 높이는 곳이라면 그곳이 바로 신의 직장이다. 취업하고 싶은 회사를 정해보자. 그 이유가 당연해지고 명확해지면 먼저 입사한 선배들께 전화를 걸어 당신이 상상하는 그 분위기가 맞는지 확인만 해보면 된다.

  사람을 구한다고 공지사항을 올리는 것은 기업이다. 그리고 기업에 이력서를 작성하는 것은 지원자 바로 당신이다. 취업준비가 장기전에 될 것인지 중기전이 될 것인지 당신의 생각의 전환에 달렸다. 회사에서 무엇을 원하는지부터 역으로 생각을 한다면 내가 어필해야 할 점은 자연스럽게 준비하게 되어 있다.

긍정적인 사고를 가져라. 관점만 바꾸면 취업이 쉬워진다. 당신보다 스펙이 낮은 지원자도 합격한 이유는 무엇이라고 생각하는가? 기업에서 원하는 것이 무엇인지 그리고 자신이 가진 필살기가 무엇인지 뚜렷하게 파악했기 때문이다. 그것을 가지고 채용이라는 판매처에서 당당하게 자신을 판매한 것이다.

대부분의 사람들이 예스^{YES}라는 표지판을 들고 있으면 나도 어느새 예스를 들고 있는 경우가 있다. 취업이라는 중요한 순간에도 남들의 눈치를 보며 이리저리 휘둘리게 된다. 상황이 열악하고 누구의 말을 들어야 할지 모르기 때문이다. 이제 남들이 지원하는 대로 지원하지 말고 남들과 같은 생각을 하지 마라. 생각을 바꾸면 취업이 쉬워진다.

회사에서는 시간을 매우 중요하게 생각한다. 이를 역이용해 당신이 회사에서 원하는 차기 순이익을 달성할 수 있음을 보여주면 회사는 당신을 채용할 수밖에 없다. 그럴 수밖에 없는 것이 회사의 구조다. 당신의 경험과 노하우를 판매하지 말고 기업 스스로 구입하도록 만들어보자.

03

> **취준생들이
> 놓치는
> 취업 성공공식**

취업에는 추월차선이 없을까?

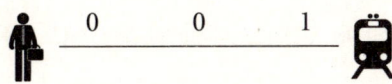

취업준비생들이 무서워하는 것들은 무엇일까? 전형 결과가 발표 났다는 문자메시지? 아니면 웃으며 정곡을 찌르는 질문하는 면접관들? 나는 높아지는 청년실업률이 가장 무서웠다. 나보다 더 많은 회사들을 깊이 있게 알고 면접 경험도 풍부한 지원자들이 너무나도 많았다. 취업재수생, 취업삼수생 지원자들이 많았고 지금도 꾸준히 늘고 있다. 나도 그들 중 1명이었지만 취업을 준비하는 당시 그들이 너무 무서웠다.

내가 취업을 준비하며 가장 서글펐던 점이 있다. 바로 나보다 스펙도 낮고 취업준비도 1년이나 늦게 시작했는데 먼저 취업한 사람이 있다는 점이다. 그 지원자들이 미웠던 것이 아니라 내 자신이 초라해 보여서 슬펐다. 분명 서류로 보나 자기소개서로 보나 특별한 경험을 봤을 때도 뒤쳐진 점이 없는데 말이다.

실제로 겪었던 사례를 설명해보겠다. 당신의 주변에도 이런 스마트한 친구들이 분명히 존재한다. 이 친구는 학점은 보통이고 영어점수도 그렇게 높지 않다. 그리고 대학 입학 시에도 재수를 통해 들어왔기 때문에 또래들에 비해 늦은 감이 있었다. 자격증도 없었고 1년 동안 휴학을 해 공백기도 있었다. 같이 공채를 시작했고 나는 수십 개가 넘는 이력서를 지원한 경험이 있는 2번째 공채였다. 면접 경험도 몇 번 있고 직무와 관련된 인턴 경험도 있었다. 그에 비해 이 친구는 준비가 너무 안 되어 있어 보였다. 채용시장에 대한 이해가 부족한 것 같아 구체적으로 설명해주고 자기소개서에 잘못된 부분을 짚어주었다. 그렇게 공채가 시작되었고 초반부터 차이가 났다. 내가 자기소개서를 수십 개를 적을 동안 그는 10개를 채우지도 못했다. 정말 원하는 기업에만 이력서를 적었기 때문이다. 모든 취업준비생이 기업 이름만 들으면 좋은 회사라고 엄지를 척하고 올리는 회사에만 지원했다. 내가 가장 처음 공채를 맞이했을 때와 너무 많이 닮아 있었다.

나도 첫 공채시즌을 준비할 때에는 모든 사람들이 알아주는 대한민국 상위 20위 기업에만 지원을 했었다. 나는 마음속으로 '저렇게 지원하면 후회할 텐데. 분명 좀 더 많이 지원하지 못 해서 아쉬워할 거야.'라고 생각했다. 공채를 처참하게 실패해본 경험자로서 말리기도 했고 좀 더 지원하라고 이야기도 했다.

그렇게 공채가 마무리되었을 때 이 친구는 취업을 했고 나는 끝까지 기다려봤지만 결국 무직자 신분을 탈출하지 못했다. 나는 분명 이력서의 질도 좋고 양도 많고 경험도 있어 여유가 있었다고 생각했는데 말이다. 진심으로 합격을 축하해주면서 취업의 노하우를 알려달라고 한 슬픈 기억이 있다.

나를 비롯해 많은 사람들이 단번에 취업하지 못하고 있다. 나는 이것을 취업의 서행차선으로 표현하겠다. 한 발 한 발 내딛으며 착실하게 취업을 할 수도 있다. 하지만 취업을 하고 돌아보니 이렇게 가는 방법이 정답은 아니다.

스마트한 방법으로 원하는 기업에 단숨에 입사하는 취업의 '추월차선'이 있다. 이 차선은 분명하게 그어져 있고 그저 용기 있게 차선 이동만 하면 된다. 눈높이를 낮추고 연봉이 낮은 회사를 지원하며 시간만 단축시키는 것은 추월차선이 아니다. 스스로가 원하는 기업에 단시간에 취업하는 것이 취업의 추월차선의 특징이다. 추월차선에 진입하기 전 몇 가지 준비사항이 있다. 이 사항들을 체크하기만 하면 당신도 언제든 질주할 수 있다.

첫째, 단기간에 원하는 기업에 취업한 사람을 알아보자. 바로 옆 친구나 선배가 아니라도 괜찮다. 책에서 만나도 좋고 취업 카페나 인터넷에서 만나고 좋다. 그 사람이 어떻게 취업준비를 했고 지원서를 적었고 면접을 봤는지 알면 된다. 어떻게 준비했고 무슨 질문을 받았는지 끊임없이 물어볼 수 있으면 더욱 좋다. 단, 연락하기 전 당신이 궁금했던 사항들을 정리하고 연락해라. 정리하지 않고 긴 시간 당신의 푸념만 듣는다면 다음 연락이 없을 수도 있다.

둘째, 당신이 진정으로 원하는 기업이 어딘지 생각해보자. 목적지는 어디인지 알아야 출발할 것이 아닌가. 기업은 많이 알수록 좋다. 당신은 그저 취업하기를 원하는 기업이 어디이고 내가 꿈꾸던 기업 문화를 짓밟는 기업이 어디인지만 판별하면 된다. 여기서 중요한 점은 절대적인 기준은 없다는 것이다. 당신이 입사하고 싶은 회사가 최고의 회사다. 네임 밸류, 급여, 복지수준, 출퇴근 시간, 위치 등 모든 곳을 고려해보자.

당신만의 기준을 세워라. 당신이 원하는 것을 모두 만족시킬수록 좋다. 가장 일하고 싶은 기업이 최고의 기업이다. 당신이 생각하는 기업 10곳을 선정해보자.

간절하면 이루어진다. 지금도 물론 간절하다고 이야기할지 모른다. 하지만 목표는 명확해야 한다. 목표가 명확해야 계획도 명확해지는 법이다. 그리고 반드시 종이 위에 손으로 직접 적어라. 손으로 직접 적으며 당신이 무엇을 꿈꾸는지 확실하게 정리해보자.

셋째, 취업준비를 하며 당신이 운전하고 있는 '나'라는 자동차가 어떤 차종인지 알아야 한다. 당신이 어떤 사람인지를 객관적으로 알 필요가 있다. 추월차선에서는 차별성이 중요하기 때문에 차의 상태를 진단하는 것이 필수이다. 멋진 스포츠카가 아니라고 좌절하지 마라. 멋진 스포츠카를 타고도 평범한 차들 사이에서 허우적거리면 그 차 역시 평범한 차에 불과하다. 차가 좋을수록 좋지만 좋지 않아도 상관없다. 취업이라는 목적지에 빠르게 도착하기 위해서는 차의 외관이 아닌 취업의 차선이 더 중요하기 때문이다. 앞차를 기다리며 서행차선에서 옴짝달싹 못하고 최고급 스포츠카보다 추월차선에서 쭉 뻗어나가는 국민차가 더 좋다. 당신이 어떤 강점을 가졌고 어떤 경험을 가진 자동차인가 탐구해보자.

이 3가지를 준비했다면 추월차선으로 진입하면 된다. 이제 방향지시등에 손을 올리고 사이드미러만 바라보면 된다. 생각보다 추월차선에는 차들이 많이 다니지 않는다. 이제 진입할 준비는 끝났다. 취업에도 추월차선이 존재한다. 그것도 아주 가까이에 있다. 많은 사람들이 추월차선을 활용한 사람들을 쳐다보고 부러워만 했을 뿐 추월차선 사용법은 물어보지 않았다.

이 책을 읽고 서행차선에서 벗어나 당신의 속도로 달리면 된다. 지금까지의 방식과는 조금 달라 낯설 수도 있다. 나도 서행차선에서 오랫동안 취업준비를 해봤기 이렇게 말할 수 있다. 앞으로 나아가고 있지 않다면 아까운 당신의 청춘은 머물러 있는 것이 아니라 뒤처지고 있는 것이다.

취업시장에 대한 오해

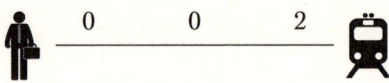

　지인 중 1명은 공기업 정규직에 입사를 했다. 높은 학점, 토익 900점대 점수, 전공 관련 자격증, MOS 자격증 그리고 한국사 1급까지. 스펙에서는 없는 것이 없었다. 하지만 안타까운 사실은 이 모든 것을 준비하기 위해서 2년이라는 준비시간이 걸렸다. 결국 자신이 원하는 '공기업 정규직'으로 입사를 했지만 시간이 너무 오래 걸렸다.
　신의 직장이라고 불리는 곳에 입사를 했다. 하지만 안타까운 사실은 20대의 2년을 취업준비만으로 시간을 보냈다는 점이다. 전공 관련 자격증을 준비하는 시기에는 학원과 인터넷 강의에 매진하느라 친구들도 많이 만나지 못했다고 한다. 이미 지나간 일이지만 좀 더 쉽고 빠르게 취업하는 방법을 알았더라면 좋았을 것이라고 안타까워한다.

이제 스펙만 높은 사람이 취업되는 시대는 끝났다. 회사의 인사담당자들도 많은 시행착오를 거치며 새로운 트렌드를 만들어 가고 있다. 토익 900점이라고 모두 영어실력이 좋지 않다는 것도 알았고 직무와 관련되지 않은 자격증이 불필요하다는 사실도 알았다. 당연한 이야기이겠지만 회사에서 잠깐 일하고 퇴사해버리는 사람은 원하지 않는다. 자신의 직무를 적확하게 파악하고 개인이 가진 경쟁력을 활용해 업무를 효율적으로 하는 사람을 원한다. 그렇기 때문에 직무 관련 자격증이 있으면 면접 기회를 줘 얼굴을 보고 싶어 하는 것이다. 적어도 직무 관련 자격증이 있다면 어떤 업무를 수행할지 느낌을 알고 취업한다고 생각하기 때문이다. 적성에 맞지 않아 괴로워하는 신입사원에게 일이 급하다고 많은 양의 업무를 줄 수는 없는 노릇이다. 일을 주는 사람과 받는 사람 모두 괴로운 결과가 뻔하기 때문이다.

취업준비생들이 상상하는 것보다 취업시장은 다양하고 활발하다. 헤드헌터가 다른 회사의 인재를 데려오기도 하고 직무가 자신이 맞지 않아 스스로 퇴사하는 사람도 있다. 회사에 공석이 생기면 5명이 하던 업무를 4명이 해야 할 수밖에 없고 업무효율이 떨어져 결국 인원을 충원해야 한다. 이 모든 인원들을 신입사원을 공채로 채용했으면 하지만 회사의 입장에서는 다르다. 경력사원을 채용할 수도 있고 수시모집으로 충원하는 방법도 있다. 분초를 다투는 전쟁터에서 사람 1명 몫은 매우 소중하기 때문이다.

이 이야기를 하는 목적이 신입사원 공채의 문이 좁다고 겁을 주기 위해서가 아니다. 신입사원 면접을 보러 갈 때 무엇을 어필하면 인사담당자들이 좋아할지를 설명하기 위함이다. 회사의 인력 중에는 자연 감소분이 존재한다. 정년을 채우고 퇴직하는 사람, 계약이 만료된 계약직 직원 그리고 소수지만 스스로 퇴직을 하는 사람들을 말한다. 회사에서 이 사람들을 붙잡고 싶어 하는 이유는 업무에 적응하는데 일정 시간이 소요되기 때문이다.

회사는 tvN 드라마 〈미생〉에 나온 것처럼 조직적으로 업무를 수행해 나간다. 각자가 자신의 역할을 맡고 있고 한 사람이 '1인분' 역할을 위해 고군분투한다. 즉, 신입사원에게 업무를 알려줄 시간이 많지 않다는 것이다. 인사담당자들도 이 사실을 알고 있기 때문에 경력사원 같은 신입사원을 원한다. 그들도 말도 안 된다는 사실임을 알면서도 그렇게 원하고 있는 것이 현실이다.

위에서 설명했듯 인사담당자들이 가장 좋아하는 지원자는 자신이 지원한 직무에 대해 정확하게 이해하고 있는 지원자다. 입사 후에도 스트레스 받지 않으며 자신의 할 일을 잘해 나갈 수 있고 조기퇴사율도 낮다. 이 점을 활용해 직무에 대해 자신의 경쟁력과 결합해 어필한다면 인사담당자 눈에 띄는 것은 시간문제다. 자신이 어떤 업무를 수행할지 예상하고 지원한 면접자라면 사랑스러울 수밖에 없다. 그래서 직무에 대한 철저한 분석만은 필수다.

나도 입사했을 당시에 직무에 관해 어필을 했다. 나는 지방 중위권 사립 대학교를 졸업했고 졸업 후 1년이라는 공백기도 있었다. 토익스피킹 130점에 전공 관련 자격증도 없었다. 대단한 스펙은 아니지만 설계직무에 대한 욕망이 있었다. 도면을 제도한 대로 제품이 제작되는 것과 내가 설계한 제품이 생산에 투입되었을 때 최소의 시간만으로 공정이 진행되는 것을 직업으로 삼고 싶었다.

직무에 대한 열망이 생겨 다양한 회사들의 설계직무에 대해서 조사했다. 설계 엔지니어는 어떤 업무를 수행하며 반드시 필요한 능력은 어떤 것들이 있는지 조사했다. 학교 취업지원팀에 찾아가 설계직무에 근무 중인 선배들의 연락처를 물어봤고 대형서점에서 관련 책들을 찾아 철저히 분석했다. 직무를 분석하다 보니 설계라는 직무가 단순한 업무는 아니지만 성취감이 크다는 사실을 알았다. 뿐만 아니라 개발 직무를 수행하는 사람들과 의사소통이 잘 되어야 하며 끈기를 가지고 크고 작은 시행착오를 거쳐야 한다는 사실을 깨달았다.

집념을 가지고 직무를 조사해 보니 직무를 이해하기 전에는 보이지 않은 것들이 보이기 시작했다. 대학생 시절 진심으로 즐기며 수강한 과목들이 떠올랐고 대외활동을 통해 얻은 깨달음 중에서도 설계직무에 부합한 나만의 경쟁력이 있었다. 이것들을 100% 활용해 자기소개서를 작성하기로 마음먹었다.

자기소개서에 직무를 철저히 분석했다는 점을 어필했다. 직설적으로 표현하지는 않았지만 나만의 경험을 스토리로 만들어 숫자를 통해 자기소개서에 녹였다. 무전여행과 국토대장정을 도전하며 배운 끈기, 수강한 설계과목에서 진행한 프로젝트를 통해 얻은 깨달음 등을 구체적으로 적었다. 아무리 힘든 상황이 주어져도 가진 것들만을 이용해 팀원들과 협업하는 끈기를 배웠다고 적었다. 또 제품을 설계할 때 설계한 대로 가공이 가능해야 한다는 사실을 깨우친 경험을 적었다. 단순한 과거 경험의 나열에 그치지 않고 입사 후 겪게 될 시행착오들을 신속 정확하게 학습하겠다고 어필했다. 그 결과 지방 사립대라는 편견을 깨고 당당히 취업했다.

나는 단시간에 스펙이 월등히 높인 사람들을 존경한다. 모두에게 동일하게 주어진 24시간 중 자신이 하고 싶은 일을 잠시 접어두고 재미없고 책상에만 앉아 있는 그 집중력을 존경한다는 말이다. 하지만 취업시장에서 있어 스펙은 단순한 숫자일 뿐이다. 이제는 스토리가 스펙을 이긴다. 나같이 지방 사립대를 나오고 영어점수가 높지 않아도 좋은 회사에 입사할 수 있다. 특별한 경험이 없다고 자책할 필요가 없다. 곰곰이 자신의 과거를 들여다보면 반드시 특별한 경험이 존재한다. 아니, 어떤 삶을 살았던 그 자체가 특별할 수밖에 없다. 그 스토리를 자기소개서와 이력서에 녹여내면 당신은 취업이라는 전쟁에서 승리할 수밖에 없다. 스펙이 낮다고 자존감이 떨어질 필요도 없고 취업은 어려울 것이라는 생각도 과감히 버리자.

전통시장을 둘러보면 다양한 물건들이 판매되고 있다. 그 많은 물건들 중 가장 비싼 물건이나 가장 값싼 물건이 잘 팔리는 것은 아니다. 그저 소비자들에게 필요한 물건이 판매될 뿐이다. 취업시장도 마찬가지다. 회사는 당신의 스펙이라는 가격보다 당신의 차별화된 강점을 더 중요하게 생각한다. 당신도 어디선가 꼭 필요한 인재라는 사실을 잊지 말고 어깨를 활짝 펴고 당당하게 취업하자.

취업준비생들이 말하는 뻔한 핑계 10가지

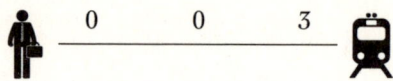

찰스 두히그가 쓴 《습관의 힘》이라는 책을 읽고 놀라운 사실을 알았다. 사람들은 의식적으로 하는 행동보다 습관적으로 하는 행동이 더 많다는 것이다. 오늘 아침에 일어나자마자 휴대전화를 봤다면 그 행동은 습관적으로 했을 가능성이 크다. '휴대전화를 한번 봐야지.'라고 생각한 후 휴대전화를 본 것이 아니라면 이것은 습관적으로 한 행동이다. 몇 초 걸리지도 않는 행동인데 뭐가 그렇게 중요하냐고 생각할 수도 있다. 하지만 이런 목적 없는 습관적인 행동들은 모이면 어마어마한 시간이 될 수 있다.

부유한 사람이든 가난한 사람이든 모든 사람에게 똑같이 주어지는 것이 있다. 그것은 바로 시간이다. 시간은 하루 24시간 모두에게 동일하게 주어진다. 하지만 시간의 가치를 모르고 허비하는 취업준비생들을 몇 명 봤다. 그들이 크게 착각하는 것은 시간이 무한할 것이라는 것이다. 시간은 절대 개인을 기다려주지 않는다. 지금 당신이 이 책장을 넘기는 순간에도 누군가는 잠을 자고 있거나 소주 한잔을 마시고 있다.

나는 시간의 가치가 돈의 가치보다 높은지 몰랐다. 이 사실을 깨닫게 한 사건이 있다. 각 기업을 SWOT 기법으로 분석해 정보를 한눈에 들어오도록 정리한 사이트에 돈을 지불해 월 정액권을 구매한 것이다. 돈을 지불하니 효율이 엄청나게 높아졌다. 토끼 눈이 되도록 기업의 핵심가치, 추구하는 방향성, 동종 업계뉴스 그리고 해당 기업의 장점과 단점만 파악해도 하루 동안 겨우 한두 곳밖에 알지 못했다. 하지만 기업분석 사이트를 활용하니 하루에 10개의 기업은 식은 죽 먹기였다. 취업은 철저히 정보싸움이었기 때문에 기업분석 사이트는 나에게 큰 도움이 되었다. 기업을 조사하는데 보내는 시간을 10배 이상 줄여주었고 내가 정말 가고 싶은 기업 그리고 탄탄하다고 오해했던 기업 등을 구별할 수 있었다.

내가 취업준비생 시절 가장 많이 했던 핑계는 "시간이 없어서."였다. 그 당시 가장 많이 했던 나의 핑계들을 떠올려보면 다음과 같다.

첫째, 스펙을 쌓아야 하는데 시간이 부족하다.

둘째, 스펙을 쌓으려니 돈이 부족하다.

셋째, 다른 지원자들의 학교가 우수해 보인다.

넷째, 나에게 딱 맞는 기업이 없다.

다섯째, 얼굴과 키 등 외모에 자신이 없다.

여섯째, 내 전공과 나의 적성이 맞는지 잘 모르겠다.

일곱째, 면접 경험이 부족하다.

여덟째, 나는 평범하게 살아서 할 말이 없다.

아홉째, 나도 취업재수생 중 1명이 될 것 같다.

열째, 내가 무엇을 잘 하는지 모르겠다.

위에 나열한 핑계들은 내가 취업준비 초반에 생각한 것들이다. 나만 넉넉하지 않은 형편에서 준비하는 것처럼 느껴졌고 거울에 비친 내 모습이 세상에서 가장 초라해 보였다. 무엇보다 한 달 전 그리고 6개월 전과 비교해 달라진 점이 없었다는 사실이 가장 괴로웠다. 왠지 내일도 오늘과 같은 하루를 보낼 것만 같았다. 이렇게 생각마저 정말 달라지지 않았다.

아침 6시, 피곤하게 일어나 학원 갈 준비를 했고 먹는 둥 마는 둥 아침을 먹고 영어공부를 위해 집을 나섰다. 영어수업을 마치면 학교에 가서 기업분석과 자기소개서를 작성했다.

어제와 같은 오늘을 보내던 중 나는 마음가짐이라도 바꿔보기로 결심했다. 오늘보다 발전된 내일, 내일보다 발전된 한 달 후 그리고 1년 후 모습까지. 사원증을 목에 걸고 멋진 슈트를 입고 출근 하는 모습은 상상만으로도 달콤했다. 사원증을 목에 걸고 직장동료들과 아이스 아메리카노를 마시는 모습이 가장 간절한 소망이었다. 이대로는 안 되겠다는 생각에 막연했던 계획을 조금씩 구체적으로 수정하기 시작했다. 수정된 계획을 세워보니 생각보다 할 수 있는 것들은 많지 않았다. 하지만 주어진 시간이 부족한 점이 가장 아쉬웠다. 그때마다 사원증을 목에 걸고 아이스 아메리카노를 빨대로 한 모금 마시는 상상을 했고 주어진 24시간을 48시간처럼 활용할 방법들을 고안해냈다.

첫째, 불필요한 모임을 최소화하자. 그 당시 나로서는 가장 뿌리치기 힘든 유혹이 술이었다. 저녁시간의 맥주 한잔은 어제도 오늘도 막막한 미래를 위해 열심히 달린 취업준비생에게는 유일한 분출구였다. 하지만 크게 남는 것은 없었다. 일시적인 동질감이 전부였다.

둘째, 틈새시간을 활용하자. 나는 지하철을 기다리는 시간, 지하철에서 이동하는 시간, 약속 장소에 친구를 기다리는 시간은 모두 독서를 위한 시간으로 활용했다. 결과적으로 이 시간을 활용해 섭렵한 취업 관련 도서들이 나에게 직접적인 효과를 줬다. 자기소개서 작성 시 주의사항과 취업 후 방향을 꿈꿀 수 있었다.

셋째, 무엇을 하더라도 몰입하자. 시간이 부족하면 효율을 높이면 된다. 보통 집중이 아닌 초집중을 목표로 몰입했다. 처음에는 집중해야 한다는 강박관념 때문에 집중이 잘 되지 않았지만 점차 적응이 되었고 결국 자리에 앉는 순간부터 몰입할 수 있는 경지에까지 이르렀다.

위 3가지 방법은 하루를 48시간으로 활용하기에 충분했다. 취업준비에는 끝이 없지만 일주일동안 스스로 정한 목표를 달성했을 때에는 작은 보상을 반드시 줬다. 영화를 보거나 맛있는 음식을 먹는 것이 전부였지만 한 주의 목표를 달성했다는 성취감을 느끼기에는 충분했다. 한 주씩 계획을 세웠고 꾸준히 계획들을 실천으로 옮겼다. 그 결과 꿈에 그리던 취업을 손에 쥐게 되었다.

인간의 잠재력은 마음먹기에 따라 달라진다. 돈이 없고 시간도 없다는 현실상황을 한탄해 봤자 달라지는 점은 없다. 다들 나보다 잘난 듯이 보였고 나는 한없이 작은 존재라는 느낌이 자주 들었다. 나는 그럴 때마다 맨주먹으로 성공한 사람들의 성공신화를 읽었다. 다들 어린 시절부터 몸도 아프고 돈도 없고 가난한 생활을 했다. 하지만 그들의 공통점은 '나는 반드시 해낼 것이야. 나도 분명 해낼 수 있어.'라고 자신을 믿었다는 것이다. 마음가짐만 바꾸어도 얼마든지 목표한 기업에 취업 할 수 있다. 취업뿐만이 아니라 더 나아가 내가 이루고 싶은 꿈도 이룰 수 있다고 믿는다.

원하는 목표가 생기면 시간은 저절로 쪼개지고 틈새시간을 활용하는 자신을 발견한다. 지하철을 기다리는 시간에 틈새독서를 하고 길을 걸으며 무한한 이미지트레이닝을 시도하는 모습에 놀랄 것이다. 나도 취업준비 초반에는 부정적 마인드를 가졌기 때문인지 구질구질하게 행동한 적도 있었고, 이렇게까지 노력하며 살아야 하냐는 생각도 많이 했다. 하지만 지금은 내가 원하는 회사에 입사했고 좋아하는 직무를 수행하고 있어 오늘이 행복하다. 당신의 인생의 주인공은 당신임을 잊지 말자. 당신이 주인공이라는 마음가짐을 가지는 순간 인생의 주인공은 단 1명이 된다. 꿈을 펼치기 위해 노력한 오늘도 수고했다. 당신의 꿈을 응원하는 사람들이 많다는 사실을 잊지 마라.

취업의 비법은
면접관이 되는 것이다

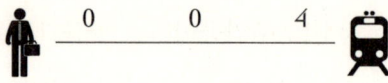

"중요한 가족행사에 반드시 참석해야 하는 날에 갑자기 회사에서 중요한 업무가 생겨 야근을 해야 하는 상황이 발생했습니다. 지원자는 어떻게 하시겠습니까? 야근을 하시겠습니까? 아니면 퇴근을 하시겠습니까?"

취업스터디의 모의면접에서 들었던 질문이다. 이전 모의면접에서 내가 받았던 질문이었고 대답을 잘 못했기 때문에 모의면접관이 되어 질문을 다시 해보았다. A, B, C 3명이 앉아서 차례로 대답을 했다. A와 B는 차례대로 야근을 하겠다고 대답했다.

"회사의 목표는 이윤창출입니다. 야근을 해야 할 정도로 긴급한 업무라면 책임감을 가지고 저에게 주어진 업무를 완수한 후 퇴근하겠습니다. 가족들에게 미안하다고 전화를 한다면 가족들도 이해해줄 것입니다."

이 전 모의면접에서도 취업스터디 팀원 6명이 비슷한 답변을 했다. 하지만 C의 대답은 달랐다. 퇴근을 해서 가족들과 시간을 보내겠다는 것이다.

"저는 상사에게 얼마나 긴급한 상황인지 여쭈어볼 것입니다. 만약 내일 아침까지 시간이 있다고 하면 가족들과 시간을 보낸 후 다음 날 새벽 4시에 출근해 업무를 마무리할 것입니다. 만약 반드시 오늘 내로 처리해야 하는 업무라면 저의 직장동료에게 상황을 설명한 후 다음에 밥을 산다고 하며 업무를 부탁하겠습니다."

나는 마음속으로 유레카를 외쳤다. 다음에 유사한 질문을 받으면 응용을 해야겠다는 생각으로 취업 오답노트에 기록해 두었다. 아니, 똑같이 답변할 것이다. 면접 질문이 아니라 실제로 위와 같은 상황이 발생해도 C의 답변처럼 행동할 것이다. C의 답변은 솔직하고 논리가 있었다. 논리를 떠나 솔직한 자신의 심정을 대답했기 때문인지 C의 답변이 가슴에 꽂혔다. 100명이 같은 질문을 받으면 90명 이상이 야근을 한다고 대답할 것이다. '시키면 시키는 대로 하고 까라면 깐다(일명 SSKK)'는 식의 답변이다. 하지만 모두가 예스^{YES}라고 말할 때 노^{NO}라고 자신의 심정을 솔직하게 대답하니 훨씬 진정성 있어 보였다.

이 모의면접을 마치고 내가 왜 이토록 목숨을 걸고 취업을 하려고 하는지 다시 고민하기 시작했다. 나를 포함해 가족의 안녕을 위해 취업을 한다는 생각을 했다. 한 분야의 전문가가 되는 것과 자아성찰은 후순위라는 것이 솔직한 심정이었다.

면접관도 사람이다. 비록 모의면접이지만 면접관이 되어보니 틀에 박힌 대답과 다른 지원자들과 차별되지 않은 대답은 마음에 와닿지 않았다. 한 지원자의 답변이 솔직하고 취업을 하는 목적과 일맥상통하다고 느껴지면 고민 없이 그 지원자를 뽑을 것이다. 스트레스 관리도 더 잘할 것 같고 회사를 나가는 일은 없다고 판단할 것이다.

내가 면접을 준비하며 깨우친 착각 중 하나는 나의 대답이 차별성 있는 대답이라고 생각한 것이다. 내가 대단해 보였고 이 정도면 차별화된 인재라고 스스로 판단했었다. 하지만 많은 취업준비생들과 이야기를 나누다 보니 내가 생각한 대답은 남들도 똑같이 하고 있었다. 만약 실제 면접에서 면접관이 나의 대답을 들었다면? 아주 판에 박힌 스펙 낮은 지원자로 보였을 것이다. 면접에서 형식적으로만 답하다 보면 면접관이 지치기 마련이다. 나의 솔직한 심정을 대답해 인간성을 보이면 차별화되면서 정직한 인재로 보일 수 있다. 하지만 회사의 상황을 고려하지 않고 있는 그대로 과하게 솔직하다면 오히려 독이 될 수 있음을 기억해라. 솔직함과 회사생활의 중심점을 수많은 모의면접과 답변을 통하여 찾기 바란다.

또 한번은 내가 질문한 면접질문의 의도와 전혀 상관없는 대답을 들은 적도 있다.

"살면서 가장 힘들었던 때는 언제입니까?"
"대학교 4학년 교통사고를 당해 오른팔을 쓰지 못한 기억이 있습니다. 제가 오른손잡이인데 오른손을 다치는 바람에 잘 사용하지 못하는 왼손으로 밥을 먹고 공부를 했을 때가 가장 힘들었습니다."

나의 질문 의도는 어떻게 힘든 시기를 극복했는지를 묻는 것이었다. 하지만 정말로 힘들었던 순간의 대답을 듣게 되었다. 반드시 이루고 싶어 피나는 노력을 했던 기억, 상황이 잘 풀리는 것처럼 보였는데 갑작스러운 사건으로 힘들었을 때의 생각 등이 듣고 싶었다. 교통사고와 오른손 이야기는 취업과는 전혀 무관한 이야기이다. 면접장 안에서 모든 대화는 회사와 업무의 내용으로 연결하는 편이 좋다. 너무 억지스럽게 연결하면 감점요인이 되지만 모의면접을 여러 번 해보면 질문의 의도를 알 수 있다.

나는 면접관의 질문 의도를 파악하는데 오랜 시간이 걸렸다. 실제 회사 면접에서 나의 긴장을 풀어주기 위해 무엇을 타고 왔는지 물어보았을 때 "저는 기차 시간을 꼼꼼하게 체크해 늦게 도착하지 않도록 예매했습니다. 이처럼 저는 계획적이고 꼼꼼한 사람입니다."라고 대답한 적도 있다. 너무 억지스럽고 형식적으로 들렸을 것이다. 결국 해당 면접은 불합격했다. 대답 내용보다 면접관의 질문을 잘 경청하고 있다는 사실을 전달하는 것이 더 중요하다. 다시 되물어보더라도 무엇을 궁금해 하는지 정확하게 파악한 후 대답하는 습관을 기르자.

면접을 보는 자세가 자연스러운지 확인할 수 있는 방법도 있다. 면접에 임하는 모습을 촬영해 다시 보면 고쳐야 할 점들이 보인다. 몸짓, 말 습관, 표정 그리고 습관적인 버릇 등 고쳐야 할 점을 확인할 수 있다. 모의면접을 할 때마다 하나씩만 고치자는 생각을 했고 집에서 피나는 연습을 했다. 혼자도 연습하고 여러 명과 함께 연습도 해보자.

취업에서 면접을 보러 간다는 것은 취업의 성공에 아주 가까워졌다는 뜻이다. 회사가 지원자의 얼굴을 마주 보고 소통하기 위해 기꺼이 비용을 투자한 것이다. 이렇게 좋은 기회를 평범하고 틀에 박힌 대답으로 떠나보내지 말자. 면접도 출발이 어렵다. 하지만 연습을 거듭하면 익숙해질 수밖에 없다. 당신의 모습을 당당하게 말해 성공취업으로 나아가기를 응원한다.

이력서 지원은 양보다 질이다

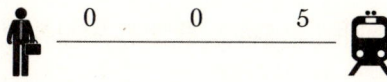

얼마 전 롤렉스시계의 제작과정을 촬영한 영상을 본 적 있다. 장인정신, 단어 그 자체였다. 손톱의 10분의 1도 안 되는 작은 부품들을 현미경과 핀셋을 이용해 직접 가공하고 조립하는 과정의 연속이었다. 장인은 늘 현미경으로 조립되는 부품 하나하나를 살펴보았고 이상이 없는지 확인했다. 다른 시계들과 크기와 성능은 비슷했으나 겉보기만으로도 때깔이 달랐다. 그 시계의 가격은 32억 원이다. 같은 시계지만 어떤 시계는 3만 원도 안 하는 반면 다른 시계는 30억 원을 넘긴다. 그 차이는 바로 품질, 차별성 그리고 희소성에 있지 않을까?

이력서도 롤렉스시계처럼 만들면 된다. 100번의 성의 없는 지원서보다 1번의 명품 이력서 지원이 더 가치 있다. 아무리 많이 지원해도 서류전형을 통과하지 못하면 아무런 의미가 없다. 지원서를 100번을 쓰든 1,000번을 쓰든 합격해야 의미가 있다. 단 하나의 명품 지원서를 만들어보자.

명품이라고 해서 처음부터 겁먹을 필요는 없다. 자기소개서 작성법도 책을 통해 배울 수 있고 인터넷 카페와 블로그를 통해서도 배울 수 있다. 처음부터 자기소개서를 잘 쓰는 사람은 없다. 작성한 자기소개서를 인사담당자의 입장으로 읽어보고 고쳐보면 된다. 글감이 없어도 찾으면 그만이다. 아르바이트 중 겪었던 경험도 좋고 당신의 행동과 습관을 바꾼 책이어도 괜찮다. 당신이 변화시킨 어떤 것이라도 자기소개서의 훌륭한 글감이다.

나는 2년이라는 취업준비 기간을 거치며 서서히 자기소개서의 질을 성장시켰다. 취업준비 초반에는 자기소개서를 작성하기 전 글에 들어가 글감을 구상했고 구상한 대로 빈칸을 채워나갔다. 더 많은 양의 이력서를 지원해야 한다는 생각 때문에 평범하게 쓴 자기소개서를 여러 번 반복해서 사용했다. 이렇게 양이 많은 이력서를 작성하고 지원하느라 2년이라는 취업 시간이 걸렸다. 하지만 다시 취업준비생으로 돌아간다면 딱 2개월만 투자해 목숨 걸고 자기소개서를 명품으로 만드는 작업부터 시작할 것이다.

2년이라는 시간 동안 터득한 명품 자기소개서 작성 노하우는 이렇다. 가장 먼저 해야 할 일은 자신이 가장 취업하고 싶은 회사를 정하고 지난 3년 동안 제시된 자기소개서 항목을 조사해서 적는 것이다. 1,000개의 이력서가 모두 합격 하더라도, 면접 날짜가 모두 겹치더라도 면접을 보러갈 그런 회사를 적어야 한다. 회사를 정해 자기소개서 항목을 기록했다면 글자 수와 질문을 꼼꼼히 적는다. 그리고 거기에 맞는 자신의 경험과 어필할 수 있는 차별화된 강점을 탐색한다. 남들이 가지지 않은 차별화된 강점일수록 좋고 차별화된 강점을 가지게 된 경험도 좋은 글감이 된다.

다음 단계에서는 성과와 결과를 숫자로 표현하고 느꼈던 감정을 최대한 생생하게 적어본다. 직장인들은 숫자를 좋아한다. 한눈에 분석하기 쉽도록 친절하게 표현하는 방법은 수치로 나타내는 표현이다. 불필요한 문장을 줄이며 글자 수에 구애받지 않도록 작성한다. 내가 어떤 강점을 가졌는지 어떤 깨달음을 얻었는지를 구체적으로 표현하면 더욱 좋다. 인사담당자는 당신의 이야기를 처음 보는 것이기 때문에 읽었을 때 바로 이해가 될 만큼 친절하고 구체적으로 작성해보자. 한눈에 들어오지 않는 이력서들 중 하나가 되어서는 안 된다. 처음 작성한 자기소개서에는 분량이 많을 수도 있다. 하지만 탈고과정에서 수정하면 되기 때문에 글자 수에는 너무 구애를 받지 않고 생생하고 구체적으로 적었다.

그 다음은 전달하고자 하는 주제에서 벗어난 군더더기를 제거하고 과거 자기소개서 항목에 맞도록 글자 수를 조절하는 작업이다. 수정은 하되 초안 파일은 지우지 않고 그대로 두는 편이 좋다. 지금은 생각이 났던 이야기지만 다음번에는 생각이 떠오르지 않을 수 있기 때문이다. 좀 더 쉽게 자기소개서 다이어트를 하고 싶다면 서론·본론·결론만을 남기도록 노력해보자. 만약 자기소개서에서 원하는 분량이 300자 미만이라면 본론과 결론만 남기면 된다.

군더더기를 뺀 상태에서 글을 늘리는 방법은 아주 간단하다. 서론 앞에 결론을 1번 더 적어주기만 하면 된다. 결 - 기 - 승 - 전 - 결이 될 수도 있고 결 - 승 - 전 - 결이 될 수도 있다. 그래도 부족하다면 강조하고 싶은 구간은 나의 생각과 느낌을 생동감 있게 1줄 더 적어보자. 자신의 성격이 어떤지, 차별화된 강점이 무엇인지 한눈에 들어오는가? 회사에서 업무를 할 때의 미래 모습이 상상되면 성공이다.

헤밍웨이는 "모든 초고는 걸레다."라고 표현했다. 100번이 넘는 불합격 통보를 받고 나서야 내가 양 많은 초고로 승부를 보려고 했다는 사실을 깨우쳤다. 초고 수준의 자기소개서는 반드시 탈고과정을 거쳐야 한다. 문장이 한눈에 들어오는지 오탈자는 없는지 글을 읽고 인사담당자의 마음을 움직일 수 있을지 고민하며 고치면 된다. 나는 여기에 115법칙을 적용했다. 눈으로 읽으며 오타가 없는지 확인했고 소리를 내며 1번 더 읽었다. 그리고 이력서에 작성한 신상정보와 함께 출력해서 5명 이상의 사람들에게 보여주며 객관적인 의견을 물어 보았다. 내가 크게 느낀 경험도 다른 사람들이 읽었을 때에는 별 것 아닌 경험으로 비춰지거나 진부한 느낌이 들었다는 평가를 받은 적도 있다. 이런 탈고과정을 거치면 전달하고 싶은 메시지를 강력하고 깔끔하게 정리해 나갔다. 글자 그대로 '한눈에 꽂히는' 자기소개서가 탄생하게 된 과정이다.

    명품 자기소개서 작성이 중요한 또 하나의 이유는 면접 때 받을 질문은 자기소개서 안에서 나온다는 점 때문이다. 쉽게 믿지 못하겠지만 인사담당자는 지원자들이 기재한 인적사항과 자기소개서를 모두 읽어본다. 만약 차별화되고 눈에 띄는 자기소개서가 있다면 인사담당자는 지원자를 면접장에 불러 만나보고 싶다는 생각을 한다. 차별화되지 않고 어느 기업에나 붙여 넣을 수 있는 자기소개서만 보면 지치기 때문이다.

    명품 자기소개서로 서류전형을 통과해 면접장에 들어선다면 보통 자기소개서로 서류전형을 통과한 지원자들과 차이가 난다. 가장 놀라운 점은 질문의 내용과 수준에서 차이가 난다는 것이다. 자신이 자신 있게 답할 수 있는 질문들을 할 것이고 그것들은 나의 경험이므로 답변에서 높은 점수를 받기가 훨씬 쉽다. 이미 면접관들이 좋게 평가했기 때문에 좋은 이미지를 유지하기만 하면 된다. 더불어 자기소개서에서 어필한 내용과 일치하지만 글자 수의 제한 때문에 적지 못한 강점도 강조할 수 있다. 플러스알파 요인을 가지고 면접장에 들어가게 되어 높은 점수로 면접을 시작하게 된 셈이다. 이토록 명품자기소개서는 정말 중요하다.

나만의 필살기로 바위를 내려쳐라

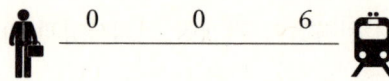

"달걀로 바위치기."라는 옛 속담이 있다. 쉽게 깨어지는 달걀로 단단한 바위를 치는 것만큼 무모한 도전이라는 뜻이다. 내게 취업할 시기가 되었을 때 가장 먼저 떠오른 속담이다.

'과연 나도 취업할 수 있을까?'

나를 포함한 많은 취업준비생 친구들이 가졌던 생각이다. 어떻게 하면 단번에 취업이라는 바위를 깨뜨릴 수 있을까? 일단 부딪혀보자는 생각은 금물이다. 일단 부딪혀본다는 뜻은 합격해도 그만 떨어져도 그만이라고 해석된다. 이런 태도로 취업준비를 한다면 성공취업은 먼 길로만 느껴질 것이다.

짧은 시간 고도의 집중력을 발휘해 자신만의 필살기를 만든다면 이야기가 달라진다. 취업은 잽만 툭툭 던지는 권투경기처럼 하면 안 된다. 취업라운드가 길어질수록 지원자의 공백기도 길어진다. 자신만의 강점을 살리고 상대방의 약점을 파악해 하이킥과 같은 필살기를 날려 취업에서 TKO 승리를 보다 빠르게 가져오자.

누구에게나 자신만의 필살기를 가지고 있다. 삼국지에 등장한 장비에게는 청룡언월도가, 토르에게는 묠니르가, 또 당신에게는 당신만의 필살기를 가졌다. 하지만 대부분의 사람들이 이 사실을 부정한다. 지금까지 살아오면서 자신의 강점이 필살기라는 것을 인지하지 못하고 취업 전선에 뛰어드는 경우를 많이 보았다. 주입식 교육을 최소 10년 동안 받았던 대한민국 국민이라면 그럴 가능성이 더욱 크다.

브랜드 버처드의 저서 《메신저가 되라》에서는 누구나 자신만의 강점이 있고 상대방은 그것을 활용하는 방법을 배우고 싶어 한다고 말한다. 자전거를 못 타는 어린이는 자전거를 탈 줄 아는 사람을 신기해하며 자전거 타는 법을 배우고 싶어 한다. 신발 끈을 잘 묶지 못하는 어린이에게 신발 끈 묶는 방법이 엄청난 호기심을 불러일으킨다.

인사담당자도 마찬가지다. 새로운 역량을 가진 인재를 원한다. 기업에서 활용할 수 있는 강점을 가진 인재를 발굴하고 싶어 하고 진부하지 않은 새로운 방법으로 도전할 지원자를 찾는다. 이를 자기소개서에 적어주면 된다. 자기소개서를 읽는 인사담당자의 이목을 끌어

호기심을 불러일으키면 이미 반은 성공한 셈이다. 이것이 당신만의 차별화된 강점과 노하우라면 이것이 바로 당신의 필살기다.

　누구에게나 필살기가 있다는 사실을 믿지 못하는 독자들을 위해 나의 자기소개서에 사용한 필살기를 예시로 들어보겠다. 나는 취업을 준비할 당시 설계직무에서 일하기를 원했다. 설계직무에 지원하기 위해 현업에서 사용해야 하는 지식, 스킬 그리고 역량 등을 조사해보았다. 필수적인 스킬은 바로 도면을 작성하는 제도능력이었다. 실제로 나는 제도에 흥미가 있었고 수강했던 CAD 관련 4과목 모두 높은 점수를 받았다. 하지만 전문적인 자격증은 없었고 취득하려고 해도 많은 시간과 노력이 필요했다. 그래서 자기소개서에 진솔하게 나의 강점을 적어 인사담당자에게 어떻게 어필할 수 있는지 철저하게 분석했다.

　먼저 섹시한 소제목으로 어퍼컷을 날렸다. "3D CAD의 아인슈타인." 남들보다 조금 더 관심이 있는 건 사실이지만 아인슈타인만큼 천재적인 재능을 가진 것은 아니었다. 하지만 이 능력을 나만의 강점으로 어필하고 싶어 그 방법을 궁리해보았다. 혼자 고민을 하던 중 학부생 수준보다는 한 단계 수준이 높은 도서를 구입해 읽었던 경험이 생각났다. 한 달이 넘게 공부했지만 고등학생 때 공부한《수학의 정석》과 같이 책의 앞부분만 까매졌다. 그래도 나는 한 달이 넘도록 매일 책을 읽으며 CAD 프로그램 스킬을 익혔고 이 사실을 당당하게 적었다. 학부생 수준을 뛰어넘는 전공서적을 학습한 결과 신속하고 정확하게 도면을 수정 할 수 있는 수준에 이르렀다고 어필했다. 같이 공부했던 친구들 사이에서는 조금 더 잘 다루는 수준이었다. 이렇게 나만의 필살기는 하나 만든 것이다.

만약 당신이 지원하고자 하는 직무를 명확히 정한다면 당신만의 필살기 만들기는 훨씬 쉬워진다. 일차적으로 해당 직무에서 반드시 가져야 할 성격과 역량을 파악한다. 그리고 당신이 취업하고 싶은 회사의 현직자에게 무엇이 가장 중요한 역량인지 연락해 물어보면 방향이 제시된다. 그리고 그 역량을 발휘해 성과를 낸 경험을 한눈에 들어오게 부각시키면 끝난다. 이 비법을 알아낸 것만으로도 당신의 취업준비 기간은 6개월 이상 단축시켰다고 당당하게 말할 수 있다.

이렇게 필살기 하나를 가지고 자기소개서를 접근하면 인사담당자의 눈에 띄게 된다. 왜냐하면 수많은 지원자들이 일만 시켜준다면 무엇이든 열심히 하겠다고 자기소개서에 적고 있기 때문이다.

취업준비생들이 공통적으로 가지고 있는 또 1가지 위험한 생각이 있다. 바로 '물방울로 바위 깨뜨리기'이다. '물로 바위를 깨뜨린다고? 이것이야 말로 정답 아니야?'라고 생각 할 수도 있다. 결론부터 말한다면 "아니다."이다. 물방울로도 바위를 깨뜨릴 수 있지만 수만 년의 시간이 걸린다. 시간은 돈보다 소중하다. 1년이라는 시간의 가치는 어마어마하다. 부자들도 자신이 가진 모든 것과 바꾸고 싶은 것이 있다면 젊음이라고 한다. 취업은 하루라도 빠르게 해서 일찍 사회생활을 경험해보는 편이 훨씬 이득이다.

나는 낙수효과처럼 취업을 했다. 20대라는 긴 시간 중 5분의 1이라는 시간을 취업에만 매달렸다. 개인적으로는 너무 아까운 시간이고 나라 전체로 본다면 큰 인력 낭비이다. 내가 이 책을 집필하는 이유이기도 하다. 모두 취업준비생들이 자신의 강점을 찾아 취업기간을 단축시키는데 도움이 되고 싶다. 자기소개서도 그렇고 면접도 마찬가지다. 하루에 1가지씩 고치겠다고 마음먹었고 실제로 일주일에 1개씩 고쳐나갔다. 내가 만약 취업준비생으로 돌아간다면 하루에 1가지씩 고치겠다는 마음가짐으로 하루에 2가지씩 잘못된 습관을 고쳐볼 것이다.

더 이상 달걀 또는 물방으로 바위를 깨뜨릴 생각은 하지 말자. 이런 생각은 쓰레기통으로 던져버리자. 나만의 필살기를 만들어 바위를 내려쳐라. 단숨에 취업하는 기적을 경험하게 될 것이다. 누구에게나 숨겨진 필살기가 있다. 그 능력을 아직 찾지 못했다면 당신의 과거를 회상하고 다른 사람들에게 칭찬받은 기억을 더듬으면 빠른 시간에 당신만의 필살기를 찾게 된다. 반드시 강력해야 할 필요는 없다. 부드럽거나 유연하거나 어떤 특징을 가졌더라도 그것은 당신의 필살기이다. 차별화된 강점으로 필살기를 만들어 자기소개서와 면접에서 인사담당자를 유혹하자.

스트레스 없이 취업하는 법

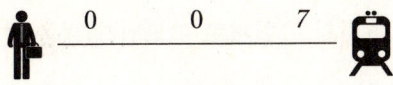

최종 합격 통보를 받기 전까지 취업준비생들은 엄청난 스트레스를 받는다. '티타늄멘탈'이라는 별명을 얻었던 나도 취업으로 인해 이유 없는 우울증을 겪었다. 뭘 해도 안 되는 인생 같았고 언제 이 지겨운 시간이 끝날까 항상 생각했다.

정말 복합적인 감정을 느꼈고 이 넓은 세상에 내 마음을 알아주는 사람이 아무도 없다고 생각했다. 당연한 질문을 스스로에게 던졌고 꼬리에 꼬리를 무는 질문을 했다. 결국 취업 전 답을 찾았다.

"죽기 전까지 행복하게 살기 위해 내가 살아가고 있다. 행복하게 살기 위해서는 나 스스로가 하고 싶은 것을 하면서 살아야겠구나!"

취업준비생 시절 스트레스를 한마디로 표현하자면 압박감이다. 이번에는 꼭 취업해야 한다는 압박. 빠른 시간 안에 훌륭한 자기소개서를 뽑아내야 한다는 압박. 만료기간이 가까워지는 영어점수의 압박. 공부를 마치고 취업 전투 태세를 갖추는 후배들의 압박. 취업준비생인 나를 압박하는 존재들은 세상 모든 것이었다.

여기다 매달 교통비와 학원비로 부모님께 손을 벌리니 자존감이 작아질 수밖에 없었다. 엄마 친구 아들 누구는 한 번에 대기업에 척척 합격한다는 소식이 왜 그렇게 크게 들렸는지 모르겠다. 견딜 수 없을 만큼 힘들었는데 나오는 뉴스라고는 일자리가 더 늘지 않을 전망이었다. 정말 이대로 준비하면 내가 돈을 벌어 먹고 살 수 있을까 걱정이 되었다. 스트레스를 받을 만큼 다 받고 나서 떠오른 것이 있었다.

"Hoc quoque transibit."

다윗 왕이 반지에 새기고 다닌 문구다. 우리말로 번역하면 "이 또한 지나가리라."가 된다. 다윗 왕은 위대한 업적을 거두었을 때 겸손할 수 있으며 정말로 견디기 힘든 절망감에 빠졌을 때 큰 용기를 받을 수 있는 문구를 가지고 다니길 원했다. 이 뜻을 함축적으로 담은 문장이 바로 이 문장이다. 우리나라 취업준비생들 사이에서는 절망감에 빠졌을 때 용기를 주는 문장으로 많이 사용된다.

어떻게든 될 것이라는 막연한 추측은 아니다. 떳떳하게 취업하기 위해서는 반드시 고난과 역경을 겪어야 한다고 생각했다. 더 크게 성공하기 위해서는 그릇이 더 큰 사람이 되어야겠다고 다짐했다. 큰 사람이 되기 위해 가장 중요하다고 생각한 것은 건강이었다. 신체의 건강은 초등학교 1학년 때부터 고등학교 3학년 때까지 체력장 1급이라는 건강한 몸을 유지했지만 문제는 마음의 건강이었다. 마음의 건강은 취업준비를 하며 인생 최저점을 찍었다.

마음의 건강을 다지기 위해서는 스트레스를 물리치는 것이 급선무라고 생각하는 순간 떠오른 것은 영화 보기였다. 집으로 돌아가자마자 본 영화는 〈아이언맨 2〉이다. 이상한 소리로 들릴지 모르겠지만 내 꿈은 〈아이언맨〉 시리즈의 주인공인 토니 스타크 같은 과학자가 되는 것이었다. 지금까지도 그 꿈은 유지하고 있다. 토니 스타크는 기계공학도인 동시에 전자공학도이다. 필요한 부분은 공부를 해가며 자신이 원하는 장비를 만들어내는 과정과 유쾌하게 살아가는 인생. 내가 꿈꾸는 삶이다. 2번째 엔딩 크레딧까지 보고나니 감탄사가 절로 나왔다. 하루빨리 내가 원하는 기계를 아두이노^{Arduino}로 로직을 설계하고 3D 프린터를 활용해 직접 제작하고 싶다는 욕망이 들었다. 나만의 작업실에서 실험할 상상을 하니 몇 시간이 훌쩍 지나갔다. 흥분된 마음이 가라앉은 후에는 신기하게도 취업이 만만하게 보였고 나도 해낼 수 있다는 생각만 들었다. 이 경험을 한 후부터 마음이 혼란스럽고 자존감이 낮아질 때면 집에서 혼자 영화를 봤다. 이 방법은 스트레스 관리에 엄청난 도움이 되었다.

나의 또 다른 스트레스 관리법은 여행이다. 책의 앞부분에서 이야기했듯 나는 부유한 집에서 자라지는 않았지만 자유를 느끼는 여행은 좋아한다. 무전여행과 국토대장정의 영향이 컸다고 생각한다. 1년이 넘는 기간을 취업준비에 목숨 걸었고 결과는 비참했다. 함께 취업 준비한 K라는 친구와 L이라는 친구와 2번째 공채가 시작되기 전 1가지 약속을 했다. 이번 공채가 끝나면 결과가 어떻든 함께 제주도로 여행을 가자고 말이다. 우리는 가진 것이 없었고 육체적으로 정신적으로 지쳐 있었다. 본격적인 공채가 시작이 되었고 스트레스는 점점 더 쌓여만 갔다. 예전 같았으면 원하는 기업에 이력서 제출을 마치자마자 소주 한잔으로 목을 적시러 갔을 것이다. 하지만 우리는 여행을 가기로 계획을 했었고 지출을 줄여야 했다. 우리는 절주하기 시작했고 서로 돈을 1만 원씩 아꼈다. 결론부터 이야기를 하면 비행기 값을 포함해 1인당 20만 원으로 3박 4일 제주도 여행을 갔고, 나와 K 그리고 L 3명 모두 공채에서 좋은 결과를 내지는 못했다. 하지만 신기하게도 우리 셋은 마음을 다잡고 다음 공채에서 저마다 원하는 곳에 취업했으며 제주도 여행이라는 추억까지도 가지고 있다.

낯선 곳으로 여행을 가는 것을 추천한다. 좀 더 구체적으로 말하면 길지도 않고 짧지도 않은 3일에서 7일 정도의 여행을 다녀오기를 권한다. 스트레스가 풀리는 것은 물론 여행 전과 후에도 좀 더 취업준비에 집중할 수 있다. 무엇보다도 자신의 자기소개서를 객관적으로 보는 눈이 생긴다. 몇 달 동안 같은 경험과 강점만을 적다보면 잘 적었는지 못 적었는지 판단하기 어렵다. 하지만 여행을 다녀온 후에는 자신의 상태를 보다 객관적으로 볼 수 있다. 이처럼 여행은 일석삼조의 효과를 낼 수 있는 스트레스 관리법이다.

취업준비생들에게 스트레스 관리가 더욱 중요한 이유는 사회생활을 아직 시작하지 않았기 때문이다. 주변에서도 스트레스 관리법을 익히지 못해 멘탈이 무너진 사람들을 몇 명 보았다. 내가 알고 있는 지인 A는 장기간 취업 실패로 인해 공무원 준비로 마음을 돌렸다. 공무원 준비가 나쁘다는 이야기가 절대 아니다. A의 스펙은 학점도 마의 고지 4.0을 넘겼고 영어점수도 뒤처지지 않았다. 남들이 부러워하는 대기업 인턴경험도 있었다. 함께 자기소개서를 쓰고 면접을 준비를 했지만 결과는 좋지 않았다. 공채 시즌과 시즌 사이 자신이 하고 싶은 일이 무엇인지 그리고 평생 어떤 가치관을 가지고 살아갈지 고민을 하다 공무원 준비라는 결정을 내렸다. 취업준비를 시작하기 전 "이번에 취업하지 못하면 석사 따러 간다."고 했던 말과는 정반대의 결정이다. 남의 가치관을 함부로 판단하면 안 되지만 솔직히 나는 A라는 지인이 멘탈 관리에 좀 더 신경을 써 원하는 기업에서 역량을 펼쳤으면 하는 바람이었다. 이 외에도 '될 대로 되라'는 식으로 포기하는 지원자도 많다. 오랜 시간 취업이 되지 않자 스스로를 과소평가하며 어디라도 괜찮으니 일만 하고 싶다고 마음을 돌리는 것이다. 위와 같이 취업준비 자세를 바꾼 사람들의 미래는 어떨까? 미래는 더 나을 수도 있고 더 못할 수도 있다. 하지만 사회생활의 첫 발이 완전하게 바뀌었음은 분명하다. 그래서 스트레스 관리가 중요하다.

스트레스 없이 취업하는 방법이 아직 발견되지 않았을지도 모른다. 하지만 이 정도 스트레스는 견디어보자고 말하고 싶다. 이력서 제출 기간만큼 상사가 보고서 작성 기간을 짧게 제시하기도 하고 회사생활을 하면서도 나보다 유능한 후배들이 무서운 속도로 치고 올라오기도 한다. 결혼을 하면 자신의 뜻만을 고집할 수 없는 상황이 자주 등장할 것이다. 취업 후 닥치는 스트레스도 생각한다면 자신만의 스트레스 관리 방법을 개발하는 것이 필수라는 말을 이해할 것이다. 반드시 찾아내야만 한다. 스트레스를 받지 않고 살아 갈 수는 없다. 하지만 스트레스 지수를 낮게 유지하며 살 수는 있다.

독서, 여행, 영화, 자전거 타기, 무엇이든 좋다. 1가지에 몰입할 수 있는 스트레스 관리법을 찾는다면 취업도 그렇게 어렵지 않다. 이 또한 지나갈 것이다. 취업은 지극히 '멘탈싸움'임을 기억하라.

취업은 철저히 전략이다

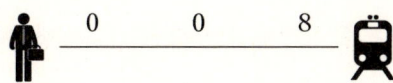

"연애와 전쟁에 있어서는 모든 전술이 허용된다."

J. 플레처가 말한 명언이다. 나는 이 문장을 이렇게 각색하고 싶다.

"연애와 전쟁 그리고 취업에서는 모든 전술이 허용된다."

청년실업 100만시대이다. 더 이상 친구와 후배들에게 내 일자리를 양보할 수 없다. 나는 취업준비 기간 중 가장 힘들었던 것이 '비교'다. 누구도 나를 비교하지는 않았다. 나 스스로가 다른 사람과 나를 비교했다. '나는 쟤보다 학점도 높은데 왜 서류에서 떨어지지? 나는 왜 저 친구보다 자기소개서를 잘 썼는데 떨어졌을까? 어째서 나보다 경험 없는 후배가 면접에서 합격했지?' 지금 생각하면 참 옹졸한 생각이었다.

왜 그랬는지 굳이 핑계를 찾는다면 1년 반이 넘는 기간 동안 그토록 취업을 원하고 노력했는데 내가 노하우를 알려주고 공유한 지인들만 취업하는 기분이 들어서라고 말하고 싶다. 당신은 나처럼 어리석은 생각을 하지 않기를 바란다. 누구나 자신만의 색깔을 갖고 있다. 아직 그 색을 명확히 못 찾았을 뿐이다.

이번에는 당신과 맞는 회사를 발견해 10년 그 이상을 벌 수 있는 비법을 알려주겠다. 당신에게 맞는 회사라 함은 당신이 1년, 3년, 5년 후에도 회사를 나가지 않고 초심의 마음으로 열심히 일할 수 있는 회사를 뜻한다. 책의 초반부에서 설명했듯이 취업의 기준은 당신이 정하는 것이다. 먼저 당신만의 기준을 세워보자.

대부분의 취업준비생들은 일단 들어본 기업이면 채용 홈페이지에 접속한다. 그리고 모집 전공을 살펴본다. 원하는 직무에 나의 전공이 들어가 있으면 잠시 망설이다가 일단 이력서를 작성한다. 그중 서류 합격 통보를 받으면 면접준비에 돌입한다.

면접을 준비하기 위해서는 대답을 잘해야 하고 대답을 잘하기 위해서는 제출한 자기소개서를 잘 대답해야 한다. 자기소개서 내용과 면접에서 말하고 싶은 경험, 1분 자기소개, 마무리 멘트까지 준비 완료! 이제 지피지기면 백전불패라고 했던가? 이제 나를 알았으니 기업만 알면 가능성이 있어 보인다. 기업정보를 잘 정리해 놓은 카페에 접속해 기웃거리거나 그룹별 전前 인사담당자들이 모인 사이트에서 정보를 캐낸다. 그리고 기업의 성향에 맞춰 철저히 준비한 후 면접에 들어간다. 합격할 수도 있고 못할 수도 있다. 이 방식은 내가 1년 반 동안 열심히 취업준비를 했지만 성공하지 못 했을 때의 방법이다.

이제 투입된 에너지에 비해 결과가 좋은 취업 방법을 소개하겠다. 효율이 좋다고 했지 에너지 소모가 없는 방법은 아니라는 사실을 먼저 알린다. 채용 시즌이 되기 전 먼저 기업조사부터 한다. 보통 취업준비생들과 반대로 가는 것이다. 기업조사는 일정 금액 돈을 지불하고 최신의 기업 트렌드를 모아놓은 유료 홈페이지를 추천한다. 많을수록 좋지만 시간적 한계에 부딪힌다면 현직자들의 평가가 좋은 기업 위주로 찾으면 된다. 주변에 해당 기업의 현직자가 없다면 학교의 학과사무실, 취업지원팀 혹은 취업 어플을 통해 취업한 학교 선배를 찾을 수 있다. 후배가 취업이 어려워 도와달라고 공손히 묻는다면 싫어하는 선배는 없을 것이다. 여기서 팁을 주자면 "우리 회사 좋아요. 한 번 도전해보세요."라고 말하는 선배에게 "왜 좋아요?"라고 질문해보아라. 그 정보는 회사의 문화를 알려줄 것이고 면접과 지원서 작성에 큰 도움이 될 것이다.

어느 정도 수집이 되었다면 다음 단계로 넘어가자. 당신이 연봉, 네임 밸류, 수평적인 문화, 일과 생활의 균형, 안정성 이렇게 5가지

가치를 중요하게 생각한다고 가정해보겠다. 그럼 조사한 기업들의 오각형을 그려보아라. 완벽하게 정오각형을 이룬 기업과 당신이 가치있게 생각하는 항목에 높은 점수를 받은 기업들을 체크하면 된다. 이렇게 접근하면 적어도 면접 전날 '이렇게 나와 색깔이 다른 기업에 나를 억지로 맞춰야 하나?'라는 생각은 하지 않을 것이다.

또 하나의 이점은 나와 색깔이 맞지 않는 기업은 후순위로 둘 수 있다는 점이다. 기업이 당신을 뽑는 것이 아니라 당신이 원하는 기업에 이력서를 넣는 것이다. 이 얼마나 시간과 에너지를 아낄 수 있는 전략인가?

그리고 지난해 자기소개서 항목을 찾아 작성해봐라. 300자를 500자로 1,000자를 700자로 변형해서 작성해도 상관없다. 이번 공채를 대비하는 실전 같은 연습이기 때문이다.

'이 방법을 따른다고 해서 지원서를 더 적게 넣는 것은 아니잖아?'라는 짧은 생각은 거두어 주길 바란다. 이 방법은 지금 당장의 지원서 작성만 보는 것이 아니다. 당신이 10년 후 회사와 성향이 맞지 않아 그만두고 싶지만 결혼을 했고 아이가 생겨 그만두고 싶은 회사를 꾸역꾸역 다니는 것을 방지해주는 방법이다. 저 멀리 숲을 보는 시야를 장착하는 것임을 알아주길 바란다.

여기서 취업 기간을 단축시킬 수 있는 고농축 노하우를 공개하겠다. 앞서 "연애와 전쟁 그리고 취업에서는 모든 전술이 허용된다."라고 말했다. 인사담당자에게 가장 잘 통하는 취업전술을 알려주겠다.

취업하고 싶은 기업이 있다면 그 기업에 최종 합격한 사람들의 모든 합격 자기소개서를 모아라. 합법적인 범위 내에서 수단과 방법을 가리지 말고 모두 수집해라. 30장을 모았다고 가정해보겠다. 이제 검정색 볼펜을 들고 눈에 띄는 부분을 체크해 가며 30장을 10분 만에 모두 읽어라. 반드시 10분이라는 짧은 시간 동안 다 읽어야 한다. 그 이유는 당신이 제출한 지원서가 그렇게 읽히고 있기 때문이다. 모두 읽어보고 너무 빨라 머리에 기억나는 것이 없다고 느꼈다면 제대로 한 것이다. 이제 빨간색 볼펜을 들고 키워드 위주로 꼼꼼하게 다시 읽어보아라. 검정색 볼펜으로 표시되었다면 조금 더 유심히 읽어라. 30장의 자기소개서에서 공통되는 문구나 특정 키워드가 반복되는 것을 찾았는가? 축하한다. 당신은 이제 취업 기간을 반 이상 줄였다.

나는 A 기업의 합격 자기소개서 6장을 이 방법을 이용해 분석했다. 그 결과 '하나에 집착', '하고 싶은 것을 위한 현재의 노력', '꾸준한 노력과 모두가 협업하는 자세', '사회경험', '사회성', '끈기', '욕심', '도전', '집착', '팀워크' 등의 키워드를 찾았다. 이 키워드들을 자기소개서 항목에 적절히 배치해 모두 넣었고 서류전형 마감 10일 전에 제출했다. 결과는 서류전형을 넘어 인적성 시험까지 통과했다. 이 2가지의 비법만 터득해도 10년 이상은 득을 봤다고 확실하게 말할 수 있다.

이제 취업은 철저히 전략이다. 주위를 잘 살펴보고 어떤 전략으로 성공했는지 분석해보자. 그리고 합법적인 범위 내에서 벤치마킹 하자.

04

> ## 합격을 부르는
> ## 취업의 기술

인사담당자를 유혹하는 지원동기 작성법

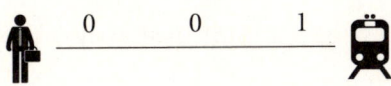

 취업준비생들이 부러워하는 사람은 자기소개서를 쉽게 그리고 잘 쓰는 사람이다. 많은 자기소개서 항목 중 지원동기를 작성하는 것이 가장 어렵다. 다른 경험들은 어떻게 적을지 감이 오고 써본 적도 많아 조금만 수정해도 된다. 하지만 지원동기를 작성할 때는 심혈을 기울여 써왔을 것이다.

 나도 취업준비를 할 때 같은 고민을 많이 했다. 지원해야 할 기업과 자기소개서 항목은 많은데 나의 경험은 한정되어 있다. 일단 쓸 수 있는 자기소개서 항목을 다 채워 넣으면 지원동기에 적을 말이 없어 의욕도 쉽게 잃었다. 그 당시 '연봉이 높고 인지도가 있으며 복지가 좋아서'라고 적고 싶다는 생각도 들었다. 하지만 이렇게 적을 수는 없는 노릇 아닌가. 수많은 고민과 학습 끝에 지원동기를 쉽고 눈에 꽂히도록 적는 방법을 고안해냈다.

지원자들이 지원동기를 작성하기 어려워하는 이유는 크게 3가지이다. 첫째, 무슨 말을 해야 할지 모르겠다. 앞서 언급했듯 "이제 취업을 해서 돈을 벌고 싶고 비전이 있어 보이기 때문에 지원한다."라고 적을 수는 없지 않은가. 둘째, 지원동기를 작성하라고 친절히 알려주지 않는다. 많은 지원자들이 착각하는 것 중 하나가 '지원동기'라고 적힌 항목만이 정말 지원동기인 줄 착각하고 있다. 셋째, 지원하는 회사와 직무에 대해 구체적으로 모른다. 많은 묻지마 지원자들이 지원동기를 고민하는 이유가 바로 이것이다. 일단 채용공고에 떴고 연봉도 많이 준다고 하니 지원해보는데 생소한 기업이기 때문에 어떻게 접근해야 할지 모르는 경우다.

지원동기는 다른 항목들에 비해 좀 더 구체적으로 접근해야 하므로 조금 더 신경써보자. 먼저 매력적인 지원동기를 작성하기 전 선행되어야 할 사항들이 몇 가지 있다. 자신이 일하고 싶은 직무를 찾는 것이다. 지원동기는 반드시 자신이 일하고 싶은 직무와 연관이 되도록 적어야 하기 때문이다.

하지만 여기서 문제가 생긴다. 회사에서 일해본 적이 없기 때문에 어떤 직무가 있는지 내가 어떤 업무에 적합한지 잘 모른다. 나는 대기업에서 인턴을 해보았기 때문에 직무에 대해서 잘 안다고 생각했다. 이것도 착각이었다. 직무는 회사마다 성격이 조금씩 다르다. 그래서 일반적으로 분류는 할 수 있지만 적확하게 알기 위해서는 현직자에게 문의하는 것이 가장 빠르다. 학교 선배, 취업지원팀, 친척 등 알고 있는 모든 지인을 활용해서 해당 직무를 완전히 이해할 때까지 물어보아라. 처음에는 전화를 걸거나 문자를 남기는 것도 어색하고 힘들 것이다. 하지만 지원동기가 취업과 직결되어 있다고 생각하고 용기를 내서 공손하게 질문해보자. 입사 후에는 전화로 업무상 부탁을 하거나 부탁을 받는 경우도 많을 것이므로 이를 연습하는 것이라고 생각하면 편하다.

지원동기 항목은 크게 2가지로 구분할 수 있다. 회사 지원동기와 직무 지원동기이다. 회사 지원동기는 "같은 직무의 S 사, H 사, L 사에 합격을 해도 우리 회사에 올 것인가?"라는 질문이다. 직무 지원동기는 "우리 회사에서 하는 여러 업무 중 왜 이 분야의 업무가 하고 싶은가?"라는 질문이다. 특별히 직무 지원동기와 회사 지원동기가 나뉘지 않는다면 직무에 대한 지원동기를 적는 것을 추천한다. 지금까지 당신이 해온 경험 중 지원하는 직무와 가장 일치한 성격을 띠는 경험을 찾고 입사 후 당신의 성격을 통해 회사에 기여할 수 있는 것을 적어라. 인턴이나 현장에서 일해본 경험이 없다고? 그래도 낙심하지 마라. 반드시 회사에서 일을 해 돈을 벌어야 직무경험은 아니다. 아르바이트 당시 판촉행사를 위해 아이디어를 낸 것도 직무경험과 관련이 있고 팀 프로젝트를 하며 역할을 맡은 것도 직무경험이 될 수 있다.

나는 취업이 되기 직전 지원동기가 매우 중요하다는 것을 깨달았다. 지원동기를 엉성하게 적으면 탈락할 수밖에 없다. 다른 지원자들과 차별화되는 점이 없어 보이고 읽어보는 인사담당자가 '우리 회사 말고도 충분히 복사해서 붙여 넣을 수 Copy & paste 있잖아?'라고 생각할 것이다. 자기소개는 철저히 나만의 소개가 아니다. 지원자와 채용기업의 교집합이 되도록 적어야 한다. 해당 기업 제품을 사용하는 경우라면 센스 있게 넣어주면 된다. 소제목이 눈에 가장 띄기 쉬우므로 간략하게 넣어주면 차별성이 있다. 단 너무 무리한 끼워 맞춤은 감점대상이 되므로 억지로 연관시켜 제품명만 나열하지는 말자.

지원동기 작성을 좀 더 자세히 설명해주겠다. 당신의 경험이 어느 정도 정리가 되었다면 이제 지원할 기업의 홈페이지에 접속해보자. 대부분의 기업에는 조직도가 명시되어 있다. 조직도가 기재된 페이지에는 부서 이름과 부서가 회사에서 맡은 역할을 찾을 수 있을 것이다.

이제 당신이 지원하는 기업의 CEO가 되어보자. CEO에 대해서 많은 사람들이 오해를 하고 있다. CEO의 역할을 1줄로 표현한다면 '모든 문제를 결정하는 사람'이라고 요약할 수 있겠다. 현재 발생한 문제를 해결하기 위하여 A라는 방법과 B라는 방법이 있는데 어떤 방법으로 해결할 것인지, 미래에는 C 제품과 D 제품 중 어떤 것을 먼저 출시하기 위해 집중할 것인지 결정하는 사람이다. CEO가 조달, 생산, 마케팅, 영업, 판매를 모두 할 수 없으므로 그 분야 책임자의 조언을 믿고 따를 수밖에 없다.

그 분야의 책임자는 CFO$^{\text{Chief Financial Officer}}$, CTO$^{\text{Chief Technology Officer}}$ 등 생산, 재무, 영업 분야에서 최고 관리자들이다. 회사의 규모나 문화에 따라 따로 정해져 있지 않는 경우도 있으며 이 같은 경우는 현업에서 활동 중인 부서장이 된다. 이 부서장들 밑에서 일할 사람이 바로 당신이다. 즉 당신은 CEO에게 조언을 해줄 사람 밑에서 전문성을 가지고 일을 한다는 말이다.

바로 여기에 정답이 있다. 내가 겪은 직무 관련 경험들은 회사에서도 적용 가능하며 이익을 발생시킬 수 있다고 어필하면 된다. 지원동기에 직무 관련 경험을 어필하고 그 경험을 좋아하며 앞으로도 그 일을 직업으로 삼고 싶다고 적어라. 여기다가 해당 부서까지 적어준다면 금상첨화다! 이토록 직무를 강조하는 이유는 회사란 철저한 조직사회이기 때문이다. 주어진 역할을 잘하는 사람이 인정받는 것이다. 주어진 역할을 먼저 인정받은 후 다른 부수적인 역량도 있어서 제너럴리스트가 될 가능성을 보는 것이 신입 공채의 순서다. 신입사원이라면 먼저 한 분야의 스페셜리스트라고 어필하는 것이 회사 입장에서 더 친절한 지원자가 된다.

모든 자기소개서 항목에서 공통되는 법칙이 있다. 지원동기를 비롯한 모든 항목을 적을 때에는 키워드 중심으로 적어야 한다. 지원동기 항목이라면 직무와 관련된 키워드를 뽑아서 적고 당신의 경험에서 느낀 점을 키워드로 적어라. 하루에도 수백 장이 넘는 지원서를 읽는 인사담당자라면 키워드가 적힌 소제목만 보고도 만세를 부를 것이다.

회사는 당신의 미래를 보고 뽑는다는 사실을 알고 지원서를 작성하자. 당신이 해당 직무에서 전문성이 있다면 뽑을 수밖에 없다. 지원하는 직무를 명확하게 파악하고 직무 관련 경험을 찾아라. 그리고 그 직무경험을 통해 개선된 내용을 숫자로 표현해 주면 설득력이 있다. 과거에 경험했던 내용을 다시 한번 정리하고 미래에도 당신이 이 직업에서 전문가가 된다는 확신을 보여줘라. 이제 인사담당자의 마음을 흔들 준비는 끝났다. 지원동기를 다듬어 합격률을 높여보자.

중학생도 감동하도록
자기소개서를 적어라

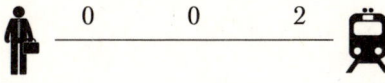

　대학생 시절 봉사활동을 하며 중학생들에게 감동받은 적이 있다. 전국에 있는 48개의 중·고등학생 야구팀들이 한자리에 모여 경기를 펼치는 '양준혁 청소년 야구 드림 페스티벌'에서 야구 심판을 보는 봉사활동이었다. 각 팀들로부터 타순과 수비 포지션을 받고 경기 진행을 도왔다. 전국에서 모인 팀들은 각자 자신들의 장비를 들고 왔고 무엇보다 정말로 야구에 미쳐 있었다. 아침 7시 첫 경기가 시작되기 전 양준혁 선수의 짧은 코칭이 있었다. 스윙을 하는 법과 투수가 피칭할 때의 마음가짐을 알려줬는데 다들 초롱초롱한 눈으로 진지하게 들었다.

　대회 중 충청도에서 온 한 주니어 팀이 유독 기억에 남는다. 이 팀은 정말 야구에 미쳐 있었다. 새벽에 모여 경기 시작 전부터 집중력을 발휘했고 응원도 열정적으로 했다. 점심을 같이 먹었는데 점심식사 시간 내내 야구이야기만 했다. 나도 덩달아 야구선수가 된 기분이 들었다. 이 팀은 결국 1등이라는 좋은 성적을 거두었고 웃으며 돌아갔다. 그때 나도 모르게 웃음이 났다. 중학생들이 나를 감동시킨 것이다.

자기소개서도 진심으로 우러나와 적으면 읽는 사람이 감동한다. 자기소개서 항목을 시작하는 첫 단어부터 마지막 단어까지 당신의 이야기를 담으면 된다. 경험을 통해 깨달은 점이 있으면 어떤 깨달음인지 구체적으로 적어주고 좋아하는 취미가 있다면 담백하게 적어라. 인사담당자가 읽었을 때 '아! 진심이 느껴지는구나.'라는 생각이 들면 자기소개서에서 높은 점수를 받는다. 인사담당자도 사람이다. 자신이 감동받은 자기소개서에 높은 점수를 줄 수밖에 없다. 1가지 팁이 있다면 열정을 가진 취미를 자기소개서에 적어라. 그 취미를 좋아하는 이유, 취미를 할 때 느끼는 감정, 느낌 등 구체적으로 적을수록 높은 점수를 받을 수 있다.

나는 자기소개서를 적을 때 취미가 여행이고 특기가 무전여행이라고 적은 적이 있다. 정말 모든 경험이 여행을 통해서 얻은 경험이었다. 내 자기소개서를 읽으면 모두 같은 생각을 했다고 말했다.

"정말 여행에 푹 빠져 있다는 것을 알겠어. 자신만의 여행철학도 있고 독특한 여행법도 구체적으로 적어 놓았네."

취미는 여행으로 명확했다. 하지만 다른 자기소개서 항목들은 마땅히 적을 거리가 없었다. 그래도 '취미'라는 하나의 항목을 작성하는 방법을 통해 다른 항목도 맛깔나게 채워 넣는 감각을 잡았다. 내가 여행을 갔을 때처럼 적으면 되는 것이다. 다른 사람들이 읽어도 이해하기 쉽도록 풀어서 쓰고 쉬운 단어들을 사용했다. 문장을 담백하게 적으니 읽기도 편했다. 지인들과 공유하며 몇 번의 탈고 끝에 남들을 감동시키는 나만의 자기소개서를 가질 수 있었다.

중학생도 감동할 정도의 자기소개를 적는 비법은 다음과 같다.
첫째, 남들과 차별화되게 적어라. 자기소개서는 항상 재미있어야 한다. 재미있게 자기소개서를 적는 방법 중 가장 핵심적인 방법은 당신의 생각과 경험을 차별화되게 적는 것이다. 당신은 아주 특별한 사람이다. 당신의 경험은 남들이 해보지 못한 것이고 남들이 들었을 때 궁금증을 유발하기에 충분한 소재가 된다. 차별화되게 적는다면 누구나 흥미를 갖고 유심히 읽을 것이다. 그 소재를 찾아서 자기소개서 항목으로 만들어 보자.
매일 일어나는 일상적인 대화에서도 소재들이 숨어 있다. P라는 지인이 있다. P는 평소 이야기를 하는 것보다 듣는 것을 좋아하는 것처럼 보일 정도로 말을 아꼈다. 재미있고 조리 있게 말하는 자신만의 화법이 있지만 자신이 말하기 전 상대방의 이야기를 듣는 습관이 있었다. 이 친구가 소개팅에 나가서 사용하면 반드시 성공하는 말 습관을 알려줬다. 바로 '어떻게'로 질문하라는 것이다. 처음 만나 어색한 대화를 나누다가 공통 관심사를 찾을 때 '무슨' 관심사를 가졌는지 묻지 말고 '어떻게' 그 관심사를 가지게 되었는지 질문한다고 했다.

"어떻게 인도여행을 가게 되었어요?"
"원래는 친구들과 유럽여행을 가려고 했어요. 하지만 한 친구가 유럽여행은 나중에 남자친구와 함께 가고 싶다며 우리들끼리는 더 재미있게 여행할 수 있는 이색여행을 하는 것이 어떻겠냐고 하더라고요. 그래서 갠지스강 하류에서 상류로 올라가는 루트로 인도여행을 가보기로 했어요. 엄청 재미있었어요."

이렇게 '어떻게'를 넣어 질문을 하면 많은 정보를 알 수 있다고 한다. 대답한 그녀의 특징은 여행을 좋아한다, 모험심이 강하다, 특별한 것을 좋아한다, 친구들과 의견 조율을 잘한다 등이 있겠다. 여기서부터는 꼬리질문을 이어나가기 쉽다고 했다. 그녀의 인도여행을 물어보아도 되고 그 친구들이 어떤 친구들인지 물어보아도 된다.
나는 P의 말 습관이 엄청나게 차별화된 강점이라고 생각했다. 이런 강점을 자기소개서에 적으면 읽는 사람이 감동한다. 당신도 이런 습관과 경험들이 분명히 존재한다. 당신이 평범하다고 생각하는 그 일상은 특별한 자기소개서 재료다. 흥미를 더해 적기만하면 다른 사람들과 차별화되는 자기소개서로 태어날 수 있다.

둘째, 흥미로운 구절을 벤치마킹하라. 글을 많이 써보지 않고도 글을 잘 쓰는 방법이 있다. 자신이 마음에 드는 문구를 핸드폰으로 사진 찍고 손 글씨로 써보는 것이다. 초보 작가들도 유명 시인이나 소설가들의 글을 습작하며 손에 익힌다.

이 비법은 자기소개서를 많이 읽어 보는 것이 좋다. STAR$^{Situation\ Task\ Action\ Reaction}$ 기법으로 자기소개서를 적는 것은 이제 취업준비생들에게 기본이 되었다. 좀 더 파격적이고 섹시한 문구들을 뽑아내 나만의 자기소개서 만들기에 도전해보자. 하지만 너무 시적인 표현은 바로 이해하기 어렵고 무엇을 전달하고 싶은지 뚜렷하지 않으므로 주의해야 한다. 다른 자기소개서들과 함께 묻히지 않게 섹시한 키워드를 사용해보자.

자기소개서는 중학생도 감동할 정도로 적어라. 중학생이 읽었을 때 바로 이해할 수 있을 정도로 읽기 쉬운 단어와 간결한 문장을 사용하면 가독성이 좋다. 문장이 어려우면 읽기가 꺼려지는 것은 당연하다. 문단을 글의 흐름에 맞게 적절히 나누어 주고 전문용어나 생소한 어휘는 지양해라. 처음에는 부담스러울지도 모른다. 그럴 때일수록 마음을 편하게 먹고 그 때 느꼈던 감정을 담백하게 1줄로 표현하면 된다. 미래의 계획을 적을 때는 구체적인 상황을 그려준다면 제 3자들이 상상하기 쉬울 것이다. 읽기 쉬운 문장과 생생하게 상상할 수 있는 문장이 바로 중학생도 감동할 만한 글이다.

스펙이 아닌 스토리로 프리패스하라

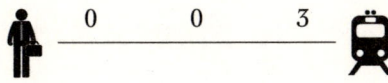

나는 점심시간을 활용해 테드^{TED}를 자주 시청한다. 내가 테드 강연에 입문하게 된 계기는 영어공부에 한창 미쳐 있을 때인 대학교 졸업반 시절이었다. 대학생 시절 영어와 좀 더 친해지기 위해 CNN 뉴스, 유튜브^{Youtube} 등의 동영상을 보면서 영어를 귀에 익혔다. 이왕이면 좀 더 재미있고 유익한 동영상을 찾던 중 테드 강연을 우연히 접하게 되었다. 테드에는 흥미로운 주제들이 많기 때문에 영어공부를 즐기는데 큰 도움이 된다는 생각으로 강연을 꾸준히 보게 되었다.

나의 1번째 테드 강연은 에이미 커디 교수의 '바디랭귀지가 우리 자신을 만든다'라는 주제의 강연이었다. 에이미 커디 교수의 솔직한 경험담은 정말 인상 깊었다. 앞부분에 나오는 호르몬과 슈퍼포즈에 대한 소개는 다른 심리학 교수라도 할 수 있다. 하지만 뒷부분에 나오는 감동을 흠뻑 적신 이야기는 오직 에이미 교수만이 할 수 있다. 우리는 이 부분에 집중 할 필요가 있다. 취업에서도 스토리가 프리패스로 이어주는 요소이기 때문이다.

취업 준비는 나의 스토리를 찾는 것으로 시작한다. 자기소개서 항목이 나오면 내가 어떻게 살아왔는지 고민하면서 깜빡이는 커서와 눈싸움을 한다. 그러다 지치면 자기소개서 항목만 간략히 적은 것을 인쇄해 손에 들고 다닌다. 묘사하기 적절한 경험이 생각이 날 때마다 그 경험을 자기소개서 사례로 적는다. 취업준비 초반일수록 내가 살아온 스토리를 찾아 사냥을 떠나는 '스토리 사냥꾼'이 되어야 한다. 왜냐하면 자기소개서에 쓴 스토리는 최종 면접의 질문으로까지 이어지기 때문이다. 최종 면접까지 일관되게 질문이 들어오는 소재가 있다면 이것이 바로 취업의 프리패스권이다.

스펙은 덩치이고 스토리는 특별무기다. 덩치가 아무리 큰 맘모스라도 도구를 사용하는 인간에게 잡아먹힌다. 취업에서도 마찬가지다. 스펙이 아무리 높아도 자신의 스토리가 없는 지원자라면 붕어빵처럼 틀에 박힌 지원자로 분류된다. 붕어빵 취급을 받는 순간 최고급 붕어빵에게 밀릴 것이다. 나는 붕어빵의 틀을 과감히 벗어나라고 조언한다. 각자 살아온 이야기 중 내가 가진 강점을 어필할 수 있는 이야기를 예쁘게 포장하면 인사담당자들의 눈에 띌 수 있다. 그야말로 스토리로 스펙을 이기는 방법이다.

앞서 회사에서 좋아하는 키워드로 자기소개서를 적으라고 말했다. 인사담당자들이 긴 자기소개서를 모두 읽지 못 할 수도 있으니 눈에 잘 들어오도록 키워드 형태로 소제목이나 자기소개서 항목 첫 줄에 적으면 좋다. 여기에서 강조하는 부분은 자신만의 스토리를 적으라는 이야기다.

나에게도 프리패스권이 몇 장 있었다. 첫째는 전공분야에 최적화되었다는 점을 어필하는 프리패스권이다. 기계공학에서 머릿속에 상상하던 제품을 눈에 보이게 그림을 그리거나 서로 다른 제작업체에서 제작을 하여도 같은 제품이 나올 수 있게 도면을 그릴 수 있는 것은 큰 강점이 된다. 나는 수많은 시행착오를 거치며 3D CAD를 익혔다. 메뉴표시줄에 있는 모든 아이콘을 눌러보며 CAD 프로그램의 알고리즘과 활용법을 터득했다. 그 결과 눈에 보이는 모든 것은 컴퓨터 화면에 나타낼 수 있었고 도면작성까지 가능했다. 나는 이 이야기를 내가 잘한다고만 적지 않았다. 꾸준한 노력으로 성공한 이야기로 풀기 위해 고민하다가 굉장한 소제목이 떠올랐다.

"3D CAD의 아인슈타인."

3D CAD를 잘 활용한다는 내용도 언급하고 태어날 때부터 타고난 감각이 아니라 99%의 노력을 통해 신속정확하게 업무를 처리할 수 있다고 어필했다. 반드시 전공분야가 아니어도 좋다. 프로그램 툴을 활용하는 것이 강점이 아닌 직무도 있을 것이다. 본인이 지원하고자 하

는 직무에 맞는 차별성이 있으면 된다.

　둘째는 국토대장정 이야기다. 요즘은 워낙 많은 국토대장정들이 있어 소재만으로는 어필하기 힘들다. 하지만 내 인생의 터닝포인트였기에 이야기하지 않을 수 없었다. 국토대장정 경험을 살린 자기소개서를 읽어봤다. 열에 아홉은 끈기와 리더쉽을 어필했다. 나도 물론 끈기와 리더십을 배웠다. 하지만 이 내용으로는 서류를 프리패스할 수 없다고 생각해 남들이 사용하지 않는 소재를 사용했다.

　리더십보다 중요한 것은 구성원들 사이의 '멤버십'이라는 것이다. 기업의 리더는 강해야 한다. 이토록 험한 사회에서 자신이 이끄는 조직원들을 지켜내고 올바른 방향까지 제시해주어야 한다. 하지만 우리는 신입사원으로 입사하기를 희망하지 않는가. 조직의 리더는 이미 정해져 있다. 나는 조직에서 정해진 것이 있다면 잘 따르고 조직의 힘이 하나로 뭉쳐지지 않을 때 하나로 뭉치는 멤버십을 발휘했다. 국토대장정에서도 발휘되었던 이 경험을 그대로 자기소개서에 녹였다. 자기소개서를 작성하고 다른 지인들에게 보여줬을 때에도 분명히 차별화될 수 있다고 이야기해주었다.

　기업이 원하는 스토리는 따로 있다. 바로 당신이 살아온 이야기다. 지원자가 살아온 이야기를 보고 지원자들의 미래를 떠올려보는 것이다. 회사에는 평범한 사람들이 많다. 같은 공간에서 업무를 수행하고 같은 팀에 소속되어 있으며 같은 고민거리를 가지며 살아간다.

신입사원도 평범하게 남들처럼 눈에 띄지 않기를 바라지는 않는다. 회사에서 젊은 마인드를 가진 선배들은 자신을 뛰어넘어 새로운 방식으로 기업에 이익을 가져다줄 후배를 기대한다. 그들이 원하는 인재는 구시대적인 방법에서 벗어나 급변하는 사회에서 마이크로트렌드를 만들어내는 새로운 시각을 알려주는 인재다. 직장생활은 조직생활이고 당신이 신입사원이 되기를 희망한다면 그들이 원하는 인재가 되면 된다.

엄청난 혁신을 가진 신입사원이 되어도 좋다. 매출을 10배 성장시키고 영업이익을 1년 만에 5배로 늘리면 된다. 하지만 실제로는 그렇게 되기가 힘들다. 조직의 모든 구성원들이 머리를 맞대고 고민을 하고 있는데 자신들만의 생각에 갇혀 더 이상 아이디어가 떠오르지 않기 때문이다. 그럼에도 불구하고 꾸준히 성장하는 기업이 있다면 그것은 바로 하루에 100원씩 더 벌고 하루에 1초씩 효율을 높이는 것에서 출발할 것이다. 내가 인사담당자라면 당장 매출을 10배 늘리겠다는 신입사원의 주장은 믿지 못할 것이다. 하지만 이미 입사한 선배들과 함께 머리를 맞대어 하루에 200원이라도 아낄 수 있는 방안을 제시할 수 있는 지원자를 찾고 싶을 것이다.

당신의 차별화된 프리패스권의 종착지는 반드시 기업의 이익이어야 한다. 당신의 경험과 지식으로 급변하는 시대에서 회사가 갈 방향을 같이 고민하고 성과를 내보겠다는 포부를 밝혀라. 숫자로 당신의 경험을 이야기한다면 당신의 미래를 구체적으로 그릴 수 있게 도와주는 것이다. 당신은 한눈에 들어오는 보고서를 적을 준비가 된 친절한 지원자다.

회사에서는 넘버원보다 온리원을 원한다. 당신이 넘버원이 되는 순간 얼마 지나지 않아 또 다른 넘버원에게 당신의 자리를 내어줘야 할 것이다. 온리원이 되어 회사에 이익을 가져다주는 지원자라고 당당하게 이야기하라.

5W1H로 서류전형을 통과하는 법

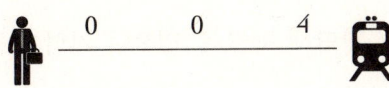

서류전형이 중요하다는 사실은 누구나 알고 있다. 하지만 기업의 입맛에 맞는 자기소개서를 작성해야 한다는 강박증 때문에 서류전형이 너무 어렵게 느껴진다. 취업준비를 오래하는 취업장수생들에게 물어보아도 뚜렷한 답이 나오지 않는 전형이 바로 서류전형이다.

앞서 지원서는 양이 아닌 '질'로 승부해야 한다고 강조했다. 그토록 많은 곳에 지원서를 넣어도 면접 한번 가기 힘든 이유가 무엇일까? 학점이 낮아서? 영어점수가 낮아서? 아니면 인턴경험이 없어서? 아니다. 자기소개서가 재미없기 때문이다.

자기소개서를 잘 쓰는 가장 쉬운 방법은 합격 자기소개서를 많이 읽는 것과 내가 쓴 자기소개서를 남들에게 보여주는 것이다. 부끄럽다고만 생각하지 말고 취업준비 기간을 단축시킬 나의 글쓰기 실력을 높여준다는 생각으로 객관적인 평가를 받아보자.

　다른 사람들이 읽었을 때 바로 읽히는 자기소개서를 작성하는 방법은 여러 가지가 있다. 그중 수준이 높으며 읽었을 때 재미가 있도록 작성하는 방법인 '육하원칙으로 전개하기'를 설명하고자 한다. 육하원칙이라고 하면 딱딱해 보일 수 있으나 기업이 원하는 정보도 전달해야 하므로 형식을 갖추는 것은 피할 수 없다.

　육하원칙5W1H은 누가Who, 언제When, 어디서Where, 무엇을What, 어떻게How, 왜Why라는 6가지 요소로 주로 기사문을 쓸 때 사용한다. 이를 토대로 작성한 글을 읽으면 독자는 작가가 묘사하고자 하는 상황을 보다 생생하게 이해할 수 있다. 우리는 이제 인사담당자들에게 내 경험을 들려주는 작가가 되어야 한다. 또한 반드시 인사담당자가 질문한 자기소개서 항목에는 반드시 답을 해야 한다. 구체적이면서도 진솔한 이야기로 인사담당자들의 예스YES를 이끌어내는 방법을 연습해보자.

　첫째, 누가Who
　이야기를 들려줄 경험 중 '누구와'에 해당한다. 사건이 일어났을 때의 규모나 당신이 처한 입장을 설명해주면 쉽다. 자기소개서 모든 항목의 중심은 '나'에 있으므로 '누가'의 비중은 크지 않다. 중요하지 않다면 생략해도 되고 1줄로만 요약해도 충분하다.

여기서 팁을 주자면 모든 문장마다 '나'를 등장시키지 말라는 것이다. '나는 … 경험했다.', '나는 … 느꼈다.', '나는 … 생각한다.' 등 문장에 동일한 주어가 반복적으로 사용된다면 눈에 거슬리고 필력이 낮아 보인다. 이는 지양하도록 하자.

둘째, 언제^{When}

사건이 일어난 시점을 말해주면 된다. 이 항목도 크게 비중이 큰 요소는 아니다. 간단하게 1줄 이하로 작성해주면 된다.

셋째, 어디서^{Where}

물리적인 위치를 말해주면 된다. 생동감을 불어넣어줄 수 있지만 이 또한 문장마다 어디인지 구구절절 설명하면 자소서의 담백함을 잃기 쉽다.

넷째, 무엇을^{What}

무엇을 경험했는지 또 무엇을 느꼈는지 적으면 된다. 경험한 내용을 사실적이고 구체적으로 적을수록 인사담당자가 당신의 글을 이해하기가 쉽다. 내가 취업준비를 할 때 가장 많이 실수한 부분이다. 작성한 자기소개서가 완벽하다고 생각했으나 지인들에게 보여줬을 때 무엇을 느꼈는지, 정확히 무엇을 경험했는지 이해하기 힘들다고 했다. 차별성 있는 경험을 들려주고 싶다면 구체적으로 적어야 한다. 또 글을 많이 써보지 않은 지원자들은 대명사를 자주 사용하는 실수를 저지른다. '이것', '저것', '그것' 등은 읽는 사람이 뜻을 오해할 수 있으므로 불필요한 부분에는 사용하지 말자.

여기서 꿀팁을 하나 더 공개하겠다. 당신이 과거에 겪은 경험을 통해 깨달은 교훈이 '현재의 삶'에 어떤 변화를 가져왔는지 적어야 한다는 것이다. 인사담당자는 당신의 입사 후 미래를 상상하며 읽는다. 과거에 깨달은 교훈을 현재에 잘 적용하고 있다는 점은 미래에 업무를 잘하는 인재로 상상할 수 있다. 이것이 자기소개서에서 높은 점수를 받는 방법이다.

다섯째, 어떻게 How

자기소개서에서 가장 중요한 항목이다. 주로 힘든 경험이나 극복한 사례를 설명할 때 자주 등장한다. 대부분 기업의 자기소개서 항목에 필수적으로 들어가는 질문이다. 해결방법을 구체적으로 적으면 된다. 남들과 다른 방법으로 해결을 했다면 '어떻게'와 '무엇을'이 같이 쓰일 수도 있다. 문장 하나에 1가지만 들어가지 않는다.

어떤 문제 상황이 발생하더라도 상황은 해결된다. 하지만 그 과정과 해결방법이 중요하다. 당신이 위기상황에서 어떤 생각을 하는지를 돌려서 묻고 있으므로 당신이 중요하게 생각하는 가치관을 말해주면 된다. 합격을 원한다면 인재상을 찾아서 분석하고 또 해당 기업의 합격 자기소개서를 많이 읽어보면 높은 점수를 받는 핵심키워드를 얻을 수 있다. 공통적으로 들어가는 단어나 일맥상통한 해결방법이 기업마다 존재하기 때문이다. 합격 자기소개서에서 자주 등장하는 해결방법은 그 회사에서 추구하는 문제 해결방법이라고 생각해도 된다.

여기서 당부하고 싶은 점은 기업이 추구하는 가치관에 당신의 가치관을 억지로 끼워 맞추지 말라는 점이다. 마치 다른 사람의 옷을 입은 듯 어색하고 면접에서도 유사한 질문이 분명히 나오기 때문에 서류 통과 후의 행보가 힘들어지기 때문이다.

여섯째, 왜^{Why}

'왜' 또한 매우 중요한 항목이다. 왜 그 경험을 도전하기로 결심했는지, 왜 그 방법을 선택했는지, 왜 우리 회사에 지원했는지 등 당신의 선택을 묻는 질문에는 반드시 '왜냐하면'으로 대답해주자. 당신이 남다르게 생각한 점이 있다면 구체적으로 적어주길 바란다. 모두가 알고 있는 사실을 굳이 적어줄 필요는 없다.

이상 여섯 항목들을 모두 살펴보았다. 중요한 부분을 강조한다면 여섯 항목을 모두 넣어 작성할 필요는 없으며, 한 문장에 두 항목 이상이 동시에 들어갈 수도 있다. 질문 하나당 300에서 2,000자 수준의 답변을 요구하므로 적절히 배치하면 된다. 나는 1,000자 수준으로 먼저 작성한 후 기업이 원하는 길이로 조절을 했다. 길이를 조절하며 필요 없다고 생각하는 군더더기들은 과감히 삭제해도 무방하다.

서류전형을 쉽게 통과하는 방법은 여러 가지가 존재한다. 앞서 몇 가지 노하우를 상세히 공개했다. 그 비법들은 4번의 공채를 겪으며 작성한 자기소개서를 토대로 합격률을 높이는 공식을 분석해 설명한 것이다. 서류전형은 면접을 가기 전 반드시 통과해야 할 관문이고 채용의 시작이다. 지원서를 읽는 인사담당자의 얼굴에 미소를 보이게 해야만 한다. 당신의 경험을 생생하고 구체적으로 적으면 재미있고 감동적인 명품 자기소개서가 된다. 불필요한 지원을 줄이고 당신이 선택한 기업에 당신의 경험을 당당히 세일즈해보자.

'기승전결'이 아닌 '결승전결'로 답하라

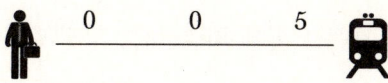

나는 취업스터디 회원들과 모의면접을 주기적으로 했다. 인성면접, 전공면접, 토론면접, PT면접 등 종류도 다양했다. 면접을 진행하며 내가 가장 많이 들었던 피드백 중 하나가 의미전달이 잘 안 된다는 것이다.

나는 아주 상세하게 설명해줬다고 생각했기 때문에 회원들의 이해력이 부족한 것이 아닌가 의심스러웠다. 하지만 취업장수생으로 접어들며 다른 회원들의 면접관이 되어보니 내가 어떤 잘못된 버릇을 가지고 있는지 알게 되었다.

면접전형에서의 핵심은 신속·정확한 의사소통이다. 기업에 입사하게 되면 매일 구두보고를 하고 매주 회의를 한다. 면접을 실제 회사생활에서의 회의로 바꾸어 가정해보자. 회의와 면접 모두 상급자가 궁금한 것에 대한 질문을 답하는 것이라고 단순하게 생각한다면 무리한 것도 아니다.

A 차장이 회의 중 이렇게 질문한다.

"그래서 이번 문제는 어떻게 해결할까? 가장 효율적이고 비용이 적게 드는 방법 없어?"

이 질문에 B 대리와 C 대리가 각각 대답한다. 먼저 B 대리의 답변이다.

"차장님께서도 아시다시피 원자재의 가격이 많이 올랐습니다. 또 소품종 소량생산인 우리 회사의 특수성 때문에 공급업체가 적극적으로 도와주지 않을 지도 모릅니다. 공급업체에 메일로 현재 발생한 문제에 대한 기술적인 답변을 요구하고 있지만 답변 기간이 너무 느립니다. 그리고 너무 형식적인 답변만을 보내오고 있어 답답한 상황이지요. 그래서 저는 올 하반기에 사용되어야 할 창고의 재고를 먼저 사용하는 것이 최선이라고 생각합니다. 납품 일자를 맞추는 것이 장기적으로 보았을 때 가장 필수적인 부분입니다."

그 다음 C 대리의 답변을 들어보자.

"일단 창고의 재고를 먼저 소진해야 합니다. …중략….."

A 차장은 그 뒤의 답변은 유심히 듣지 않는다. 자신이 궁금했던 답변을 들었기 때문이다. 이해를 돕기 위해 조금은 과장해서 설명했다. 면접장 안에서도 동일하다고 생각하면 된다.

면접에서 '왜'를 묻는 것인지 '어떻게'를 묻는 것인지 면접관의 질문을 끝까지 집중해서 들어야 하는 이유가 여기 있다. 면접관이 원하는 점을 대답의 가장 앞에 배치해주자. 두괄식으로 대답을 한다면 그 뒤의 내용은 참고로만 들을 수도 있기 때문이다. B 대리의 답변은 체계적이고 논리적으로 들릴지 모른다. 하지만 앞의 설명을 충분히 듣고 나서야 원하는 결론을 들을 수 있다. 이를 한번 A 면접관과 B 지원자 C 지원자로 직접 바꾸어 다시 읽어보기 바란다. 면접에서 어떻게 대답해야 할지 감이 잡힐 것이다.

두괄식으로 대답하지 않아 실수한 사례를 하나 더 살펴보자. 지인 K와 대기업 면접을 앞두고 모의면접을 진행한 적 있다. 나는 면접관 역할을 맡아 K의 면접 준비를 돕고 있었다.

"날씨가 무척이나 더웠습니다. 하지만 저는 외국어실력 향상과 글로벌 마인드를 얻기 위해 어학연수를 갔었기 때문에 저의 휴식보다는 봉사활동을 선택했습니다. 그래서. 아 질문이 뭐였지?"

경험을 생생하게 전달하기 위해 서론이 너무 길게 대답한 것이다. 면접을 준비하다보면 단 1번뿐인 기회라는 강박증 때문에 너무 많은 것을 준비하고 말하려고 하는 경향이 있다. 그래서 종종 머릿속을 정리하지 않고 이야기 보따리만 가득 채워 면접장에 입실하는 경우도 있다. 취업 장수생이었던 나는 그 입장이 충분히 이해가 간다. 면접 하루 전날까지 다른 기업 자기소개서를 작성하느라 모니터 앞에서 열심히 눈싸움을 한 적도 있기 때문이다. 면접날짜가 잡히면 시간을 잘 분배해야 한다. 학생의 마인드가 아니라 직장인의 마인드가 되어야 면접관의 생각을 읽을 수 있다.

면접관 역할로 신입사원을 채용하라는 미션을 받았다면 지원자의 작은 실수도 크게 보일 수 있다. 면접에서의 실수는 만회하기가 어렵다. 그래서 실수를 최소화해야 하며 그 노하우가 바로 두괄식으로 답하는 것이다.

토론면접에서는 전략이 조금 다르다. 만약 토론면접에서 두괄식으로 하고 싶은 주장만 펼친다면 다른 사람의 이야기는 듣지 않는 사람처럼 보인다. 그렇게 되면 더 많은 상대 주장으로부터 질문을 받게 되고 일일이 답변을 해줘야 하는 상황이 온다. 상대방의 이야기를 잘 들어주지 않는 '이미지'를 얻을 뿐만 아니라 모든 공격을 방어하기도 어려울 것이다. 토론면접에서도 두괄식으로 이야기하고 싶다면 쿠션화법으로 시작하는 것을 추천한다. 쿠션화법이란 쿠션처럼 말랑하게 대화를 시작하는 것처럼 보이게 만드는 화법이다.

"A 지원자의 말씀을 들으니 충분히 공감이 됩니다. 하지만 저는 △△△이 가져오는 효과가 더 크다고 생각합니다."

"B 지원자의 이야기도 일리가 있습니다. 하지만 △△부서와 ㅁㅁ부서는 입장차이가 날 수 밖에 없으므로 ○○○가 가장 효율적인 대안입니다."

주장하고자 하는 문장 앞에 쿠션 한 문장만 넣어주면 부드럽게 대화하면서 이야기를 이끌어가는 인상을 남길 수 있다.

면접질문을 답변하는 방법에 정해진 규칙은 없다. 하지만 면접이라는 전형에 시간적 제한이 있다는 것과 대화로 의사소통하는 전형임을 이해한다면 두괄식으로 답해야 한다는 결론이 나온다. 모든 질문에 두괄식으로 답변하면 너무 외운 티가 나서 추천하지 않는다고 이야기하는 면접 컨설턴트도 있다. 하지만 나는 모든 답변은 두괄식으로 답하라고 추천한다. 주어진 시간과 남은 시간이 얼마인지도 모르고 면접관의 당일 컨디션도 모르기 때문이다. 키워드 형식으로 짧고 간결하게 답하는 것이 최선이다.

면접관들이 당신의 이야기를 끝까지 집중하지 않더라도 원망하지 마라. 당신도 지루하거나 듣기 싫은 이야기는 끝까지 집중하지 않을 것이다. 면접관들은 수많은 지원자들의 이야기를 들었다. 비슷한 느낌의 서론을 듣는다면 본론과 결론은 본능적으로 유추할 것이다. 당신이 말하고 싶었던 답변의 뜻과는 상관없이 말이다.

겸손하지만 당당하게 말하라

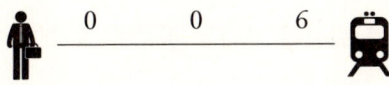

　취업을 준비하면 대부분의 사람들은 자존감이 떨어진다. 그럴 수밖에 없는 이유가 이력서는 제출하는 족족 탈락하고 면접은 가뭄에 콩 나듯 한다. 어렵게 얻은 면접장에는 스펙이 빵빵한 지원자들이 너무 많아 더 주눅이 든다.
　나도 면접을 다니며 주눅이 많이 들었다. 나는 면접장에 일찍 도착하는 편이었는데 도착하면 나의 이력서를 빠르게 읽어봤다. 그리고 마르고 닳도록 준비한 1분 자기소개를 조용히 암송한 후 차례를 기다렸다. 계속 준비만 하면 마음이 조급해지기 때문에 나만의 준비를 1번 하고나면 옆 지원자와 가벼운 대화를 하며 긴장을 풀었다. 나만의 면접 잘 보는 비법인 셈이다. 이때 학교를 물어보는 실수를 했다. 면접장에 입장하지도 않고 자신감을 떨어뜨리기 아주 쉬운 방법이었다. 덕분에 나는 면접에서 겸손해질 수 있었고 많은 면접에서 탈락의 고배를 마셨다.

면접을 마치고 집으로 돌아오는 길에는 복기를 했다. 면접관은 몇 명이 들어왔는지, 지원자는 몇 명이 들어갔는지, 같이 들어간 지원자와 어떻게 인사를 했는지 그리고 질문을 몇 개나 받았고 어떤 질문들이 있었는지 떠올려 기록했다. 나는 늘 면접을 잘 봤다고 생각했다. 하지만 자주 탈락했다. 그 이유를 돌아보니 겸손하지 못했기 때문이었다. 학교 취업지원팀의 특강에서는 면접이 세일즈라는 것만을 강조했다.

"여러분들을 회사에 판매하세요! 여러분들은 회사의 미래입니다! 아니 우리나라의 미래입니다."

나는 그래서 정말 열심히 팔았다. 나는 정말 좋은 사람이라고. 공부도 잘하고 성격도 좋고 도전정신도 강하고 조직생활에서 다른 사람들과 잘 어울릴 수 있다고 말이다. 그 당시 나의 면접 답변을 돌이켜 본다면 '당당하지만 당당하게 말하기'에 가까웠다. 대한민국의 많은 취업준비생들이 부디 이 책을 읽고 당당하게만 말하는 습관을 고쳤으면 좋겠다.

여러 번의 면접경험을 통해 깨달은 교훈은 겸손하지만 당당하게 나를 판매할 때 가장 매혹적이라는 사실이다. 면접관으로 들어오는 사람들은 회사에서 인정받아 잘나가는 사람들이 들어온다. 그리고 사회생활의 내공과 경험치는 상상을 초월한다. 아직 신입사원 배지도 못 달아본 취업준비생들의 생각을 훤하게 보고 있을지 모른다. 이렇게 회사에서 잘나가는 사람들에게 인정받는 방법은 나도 인정하는 것이다. 나라는 지원자를 인정하고 같이 면접에 들어온 다른 지원자들도 인정하자. 내가 가진 강점이 있듯 다른 지원자들도 가진 강점이 있을 것이라고 그것이 회사라는 조직에서 시너지를 낸다면 더 좋은 효과가 날것이라고 말하면 된다.

가끔 면접관들은 지원자의 인생이 대단하다고 띄워주며 경솔하게 행동하기를 유혹하기도 한다. 하지만 긴장의 끈을 놓지 말고 당당하게 답하자. 나도 다른 지원자들처럼 준비과정이 힘들었고 학교를 다닐 때 해보고 싶은 것도 많았지만 상황이 잘 따라주지 않아서 모두 해보지 못했다고 말이다. 하지만 지금 해보지 않으면 '후회할 것 같아서' 그 경험을 했다고 말하면 면접관도 웃으며 고개를 끄덕일 것이다.

겸손하게 말하는 것에는 솔직하게 말하는 것이 포함되어 있다. 솔직함은 자신을 낮출 때는 낮추고 다른 지원자를 인정할 때 생기는 것이다. 면접 경험이 많이 없었을 때에는 그런 여유가 없었다. 오직 내가 준비해 간 이야기들을 모두 들려줘야 내가 잘 팔리는지 알았다. 다른 지원자들의 이야기를 들을 여유도 없었고 내가 솔직하게 말하는지 당당하게 말하는지 생각할 겨를도 없었다. 오직 내가 준비한 말만 했다. 많은 취업준비생들이 당당하고 또 당당하게 나를 팔아야 취업할 수 있다고 생각할 것이다. 왜냐하면 다른 사람들과 비교해보면 나의 스펙은 낮아 보이기 때문이다. 이번 질문이라도 마음에 들고 내 스펙을 덮을 수 있을 만큼 대답해야 한다는 강박관념을 가지게 된다. 하지만 뒤집어 생각하면 마음이 편하다. 서류전형을 통과했으니 면접장에 온 것이다. 이미 검증받은 인재라는 뜻이다. 다른 지원자들과의 경쟁의식을 가지지 말고 당신의 실력을 당당히 펼치기 바란다.

취업준비가 쉬운 사람은 없다. 같은 취업준비생도 알고 면접관도 알고 인사담당자도 안다. 면접전형까지 갔다는 것은 취업에 아주 가까워 진 것이다. 여유를 가지고 다른 사람들의 이야기를 많이 듣다보면 겸손하게 말하는 것이 어렵지 않다는 것을 느낄 수 있다.

당당함과 겸손함의 비중이 중요한데 나는 당당함에 조금 더 비중을 두고 싶다. 당당하지만 너무 겸손하게 대답을 한다면? 다른 당당한 지원자들에 비해 자신감이 없어 보이고 회사에 적응하기 힘들지 모른다는 상상까지 펼치게 해주는 자세다. 회사의 입장에서 지원자들과 면접을 본다는 것은 어떤 사람인지 사람됨을 대화를 통해 파악하는 것이고, 지원자 입장에서는 자기소개서에서 어필했거나 아니면 더 남은 나의 강점을 어필할 수 있는 절호의 기회다. 면접에서 당신을 세일즈 해야 함은 분명하다. 입장을 바꿔 고가의 핸드폰을 구매하기 위해 핸드폰 판매점을 방문했다고 생각해보라. 영업사원이 2가지 방식으로 영업을 한다. 모든 성능이 아주 좋기 때문에 지금 당장 그리고 반드시 구매해야 한다고 광고하는 방법이 더 끌릴 것인가 아니면 모든 성능에 대해 솔직하게 이야기하고 핸드폰을 구매하면 당신의 가치가 더 높아진다고 말하는 방법이 더 끌리겠는가?

면접장 안에서는 모난 돌이 되어 정 맞지 말라. 화려했거나 잘나갔던 과거가 있을지도 모른다. 하지만 입사하면 신입사원이다. 건방지고 똑똑한 사람보다 겸손하지만 보통인 사람을 더 선호한다는 사실을 잊지 마라. 솔직하게 당신의 강점을 회사에 어필하라. 당신의 강점이 회사의 이익으로 이어진다는 것을 기억하고 면접장에 당당히 들어서라.

면접을 즐길 수 있는 8가지 노하우

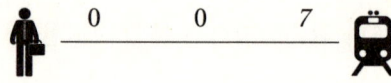

구직활동 중 면접을 본다는 것은 취업에 대단히 가까워졌다는 아주 좋은 신호다. 안타깝게 이 좋은 기회를 사소한 실수로 날려버릴 수 있다. 나의 3번째 면접처럼 말이다.

나의 1번째 면접은 한 대기업의 인턴면접이었다. 당시에는 아무것도 몰라 정말 솔직하게 대답했다. 묻는 말에만 충실하게 대답했고 덜컥 합격해 버렸다. 2번째 면접은 인턴에서 정규직으로 전환되는 1차 면접이었다. 인턴 중 수행했던 업무를 주로 물어보는 인성면접과 전공지식을 묻는 기술면접 그리고 토론면접이 진행되었다. 여기까지도 면접 질문을 끝까지 듣고 면접관이 원하던 답변을 했고 그 결과는 좋았다. 문제의 3번째 면접은 정규직 전환을 위한 2차 임원면접이었다.

대기업 임원 분들이 앞에 4명이나 앉아 계셨고 서울 대치동에 위치한 본사 20층에서 면접이 진행되었다. 누구나 그렇듯 면접 전 긴장을 했지만 나만의 스토리로 면접을 풀어나가며 나만의 페이스를 찾고 있었다. 모든 것이 순조로웠고 예상했던 시나리오대로 착착 맞아 들어갔다. 면접관 중 한 분이 이렇게 질문하기 전까지는 말이다.

"지원동기를 영어로 말해보세요."

"네. Um. I am energetic man. And this company's characteristic resembles mine. (3초간 정적). 이상입니다."

이 대답을 하고난 이후의 면접은 전혀 기억나지 않는다. 무슨 질문을 받고 어떻게 대답했는지도 모르겠다. 면접을 마치고 나왔을 때 깊은 한숨이 나왔고 면접 진행요원들과 다른 면접자들의 주목을 받았다. 그렇게 최종 면접을 마치고 터덜터덜 집으로 돌아왔을 때 부모님은 아들의 속내도 모르고 최종 면접은 몇 명 떨어지지 않으니 대기업에 취업한 것이나 다름없다고 기뻐하셨다. 나는 취업이 생각처럼 쉬운 것이 아니라고 중얼거리고는 축 처진 어깨로 방에 들어가 문을 잠갔다. 어렵게 얻은 면접기회를 쉽게 날린 것 같아 속상하고 허탈했다. 일정이 조금 늦어져 약 한 달이 지난 후 불합격 통보를 받았다.

이후 면접부터는 모든 예상 질문과 답변을 영어로 번역하는 버릇이 생겼다. 몇 시간이 걸리더라도 꾸역꾸역했다. 다른 중요한 점검사항들은 체크하지 않고 불필요한 시간을 허비했다. 면접을 몇 번 더 낙방한 후에야 내가 잘못 대비하고 있다는 것을 깨달았다. 몇 권의 책과 선배들의 조언을 통해 점점 방향을 찾았다. 자신감 있게 답변하고 솔직한 나의 의견을 전달하는 것이 면접을 즐길 수 있는 방법임을 깨우치게 되었다.

면접을 즐길 수 있었던 나의 노하우는 공개한다.

첫째, 면접을 왜 하는지 이해해보자. 많은 구직자들이 면접을 왜 하는지도 모르고 면접장에 입장하고 있다. 1장에 몇 십 원 하는 A4 용지를 아끼라는 공지사항이 뜨고 업무에 필요한 사소한 사무용품 조차 팀장님 결재까지 받아야 구매가 가능한 곳이 회사다. 하지만 왜 많은 돈을 들여가며 모든 면접자들에게 면접비를 주고, 적지 않은 금액의 면접 공간을 대여하는지 고민해 본 적 있는가? 회사는 면접을 그만큼 중요하게 생각하기 때문이다.

회사는 '최고의 인재'를 원하는 것이 아니라는 사실은 책의 초반부에 언급했다. 회사와 함께 호흡하며 일할 수 있는 '최적의 인재'를 원하는 것이다. 사람은 만나보지 않고서는 절대로 판단할 수 없다. 즉 서류전형으로는 절대로 지원자를 완벽하게 알 수 없다는 뜻이다. 그래서 회사에서는 큰 시간과 비용을 들여가며 면접을 진행하는 것이다. 당신이 어떤 사람이고 미래를 어떻게 꿈꾸는지 궁금해 하니 그것을 답해주면 된다.

둘째, 면접 장소에 일찍 도착하라. 면접은 회사와 구직자의 첫 만남이다. 나는 개인적으로 약속시간을 지키지 않는 사람을 싫어한다. 내가 인사담당자라면 면접장에 단 1분이라도 늦으면 마이너스 100점을 주고 시작할 것 이다. 수천 만원이 달린 외부업체와의 미팅 장소에도 헐레벌떡 뛰어오는 미래의 모습이 연상된다.

셋째, 단정한 복장을 입어라. 면접은 첫인상이 가장 중요하다. 면접장을 입장하는 동시에 가장 먼저 눈에 들어오는 것은 복장과 헤어스타일이다. 당신이 들어가는 면접장이 패션모델을 채용하는 하는 곳이 아니라면 단정한 헤어스타일과 복장을 갖추어라. 남들과 다른 패션으로 들어간다면 눈에 띄는 것은 확실하다. 하지만 그 눈빛이 면접에서 점수를 높여줄 것이라는 생각은 버려라. 당신의 패션 감각은 입사 후에 과시해도 충분하다.

넷째, 자기소개서를 100번 읽고 들어가라. 면접의 많은 질문은 자기소개서를 바탕으로 이루어진다. 인사담당자의 눈에 자기소개서가 띄었기 때문에 면접까지 올라온 것이다. 면접관이 당신에 대해 알고 있는 경험과 느낀 점은 자기소개서뿐이다. 그만큼 자기소개서는 면접에서 중요한 역할을 한다. 그럼에도 불구하고 다른 회사에 지원했던 자기소개와 헷갈리거나 자신이 작성한 문구가 기억나지 않는다면? 상상만으로도 아찔하다.

다섯째, 면접 질문을 끝까지 들어라. 한국말은 끝까지 들어봐야 안다는 말이 있다. 면접장에서는 특히 실수하기 쉽다. 면접관의 첫 몇 마디만 듣고 '내가 준비한 OOO를 답해야겠군.'이라는 딴생각을 하는 순간 질문의 마지막 부분을 이해하지 못해 엉뚱한 답변을 차신 있게 말한다. 평소에 딴소리를 자주 한다는 이야기를 많이 듣는 사람이라면 반드시 질문을 끝까지 듣는 훈련에 많은 시간을 투자해라.

여섯째, 모르는 것은 모른다고 솔직하게 답하라. 인적성 평가에서 맞으면 1점, 비워놓으면 0점, 틀리면 −1점이라는 이야기를 들어봤는가? 이 질문에 대한 명확한 대답은 채점하는 기업만이 알고 있다. 하지만 면접에서 아는 척 대답하다 모르는 것이 발각되면 마이너스 점수를 받는다는 사실은 누구나 알고 있다. 신입사원이 모든 것을 다 알고 있다고 기대하지 않는다. 또 긴장해서 알고 있는 것이 기억이 나지 않을 수 있다는 사실까지 감안해준다. 모르면 모른다고 말하라. 그것이 더 좋은 인상을 남길 것이다. 모른다는 대답을 너무 많이 하면 정말 아무것도 모른다고 오해할 수 있으니 주의하도록 하자.

일곱째, 연습은 실전처럼, 실전은 연습처럼! 면접의 기회는 단 1번

뿐이다. 실수해도 돌이킬 수 없다. 면접장에서 실수할 가능성이 있는 대답들은 사전에 가족들과 면접스터디를 통해 걸러낼 수 있다. 피나는 연습을 통해 면접장에서의 실수를 최소화하자.

여기서 혼동하면 안 되는 것이 있다. 모의면접은 철저한 연습을 하는 것이지 준비된 모범답안을 달달 외우는 것이 아니다. 모의면접을 통해서는 대답의 방향이 벗어나지 않았는지, 말의 속도가 너무 빠르지는 않는지, 자세는 구부정하지 않는지, 자기소개는 완벽하게 준비했는지 등을 확인하는 것이다. 모범답안을 달달 외워 면접장에 들어간다면 아마 같은 답변을 하고 있는 옆 지원자를 만나게 될 것이다.

여덟째, 마지막으로 하고 싶은 말을 준비해라. 면접을 마무리하며 마지막으로 하고 싶은 말이 있냐는 질문에 대답할 멘트를 간략히 준비해라. "없습니다."라고 대답하는 것이 더 좋다는 이야기도 있지만 단 1번뿐인 면접을 가볍게 생각한다고 오해할 여지가 있다. 실수한 부분이 있거나 면접질문 중 기억이 잘 나지 않다가 마칠 때가 되어 생각난다면 간략히 답하는 것도 좋다.

여기서 핵심 포인트는 '간략히'이다. 공식적인 면접은 끝이 났다. 집에 돌아가 못 다한 이야기에 대한 아쉬움을 최소화해주려는 기업의 배려다. 구구절절 이야기를 해 좋은 인상마저 구기지 않기를 바란다.

면접을 즐길 수 있을 정도로 피나는 연습을 하자. 이제는 더 이상

대본을 외우듯 암송하지 말자. 면접장에 입실하는 법, 자연스러운 미소 짓기 그리고 서로 대화하고 있다는 느낌을 몸에 완전히 익히면 된다. 면접은 미래의 선배님들과 첫 만남이다. 답변 내용보다 기본 에티켓, 첫인상, 자신감이 더 중요하다는 것을 명심하자.

프레젠테이션으로
나의 취약점을 파악하라

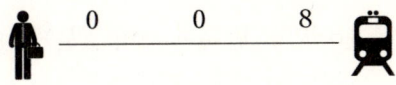

며칠 전 점심시간을 활용해 말콤 그레드웰의 테드 강연을 시청했다. 강연은 양치기소년인 다윗이 팔레스타인의 군대 중 가장 강력한 전사 골리앗을 이긴 내용이었다. 나는 약 15분의 강연에 몰입되었고 그가 말하는 스토리에 빠져들었다. 적절한 손동작, 목소리의 인토네이션Intonation, 머릿속에서 당당히 입 밖으로 나오는 강연내용, 언어적, 비언어적 요소가 적절하게 조합되었기 때문에 나는 시간 가는 줄 모르고 집중해서 시청했다. 청중들이 연설자의 목소리에 귀 기울이고 고요한 강연장에 울려 퍼지는 목소리는 언제 들어도 달콤하다.

취업에도 이와 유사한 전형이 있다. 바로 프레젠테이션 면접(이하 PT면접)이다. 취업 준비생들이 가장 무서워하고 자신 없어 하는 면접 유형 중 하나다. 그냥 앉아서 대답하는 면접도 힘든데 면접관들 앞에 서서 발표하는 모습. 상상만으로도 아찔한 것은 당연하다. PT면접을 많은 사람들과 함께 준비하다보면 유독 발표를 잘 하는 지원자들이 있다. 태어날 때부터 달변가의 유전자를 타고난 것이 아닌가 싶을 정도로 귀에 쏙쏙 들어온다. 당신은 발표할 때 유독 많이 떨고 어휘력이 부족해 같은 단어만을 반복한 적이 있는가? 이번에는 이런 두려움을 극복해줄 노하우를 공유하겠다.

초등학교 저학년 때 나는 내 목소리를 처음 들었고, 깜짝 놀랐다. 내 목소리가 이렇게 이상할 것이라고는 상상도 못했다. 말한 목소리를 스스로가 듣는 것과 남이 듣는 것이 차이가 나는 이유는 말한 사람은 2가지의 목소리를 중첩해서 듣기 때문이다. 양쪽 검지로 귀를 막고 다른 사람이 이야기하는 소리를 들어보자. 들리지 않거나 작은 소리로 들린다. 하지만 귀를 막은 상태 그대로 이야기를 해보자. 당신의 목소리는 거의 달라진 점이 없다. 즉 자신이 말할 때 듣는 소리는 몸과 머리의 진동을 통해 들리는 목소리와 입 밖으로 나갔다가 고막을 통해 다시 들어오는 목소리가 합쳐져서 들리는 것이다.

1가지 더 실험을 더 해보자. 책읽기를 잠시 중단 하고 핸드폰을 꺼내 다음 문장을 읽는 당신의 목소리를 녹음해서 들어보자. PT면접에 도움이 되는 실험이니 반드시 해보도록 하자.

"지금 말하는 목소리가 다른 사람이 듣는 내 진짜 목소리다."

들어보니 어떤가? 적응이 안 되서 소스라치게 놀랐을 것이다. 녹음기를 통해서 듣는 목소리가 다른 사람들이 듣는 당신의 진짜 목소리다. 가족이나 친구들에게 방금 녹음한 목소리를 들려준다면, 별 생각 없이 "네 목소리 맞아!"라고 이야기해줄 것이다.

PT면접에 대한 노하우가 궁금했는데 왜 자신의 목소리만 이야기하냐고? 목소리가 가장 중요하기 때문이다. 청나라 명재상 중국번은 "목소리를 듣는 것만으로도 상대방이 영웅인지 아닌지 판별해낼 수 있다."고 말했다. 또 사람의 신뢰를 얻는 것은 그 사람의 차림새나 행동보다 목소리라는 이야기도 있다. 그만큼 목소리가 중요하다.

당신의 목소리가 마음에 들지 않는다고? 걱정하지마라. 얇은 목소리로 성공한 사례를 꼽자면 SBS의 〈K팝스타 시즌 4〉에 등장한 이진아 씨를 말하고 싶다. 제일 처음 출연했을 때에는 자신의 목소리가 콤플렉스라고 이야기를 했다. 목소리로 먹고사는 가수가 목소리에 대한 자신이 없다고 이야기한 것이다. 하지만 이진아 씨는 개성 있는 자신만의 목소리를 살려 톱 3 안에 들었고 지금도 매력적인 가수로 자리매김하고 있다. 당신도 충분히 목소리로 면접에서 높은 점수를 얻을 수 있다.

면접에서 목소리로 높은 점수를 얻는 방법은 자신의 목소리를 안

정적으로 사용하는 것이다. 음이탈이 나지 않고 당당하게 말하는 것만으로도 상대방의 신뢰를 살 수 있다. 자신의 목소리를 당당하게 말하는 연습방법은 아주 쉽다. 강연을 자주 시청하고 따라하는 것이다. 테크, CSB의 〈세상을 바꾸는 시간 15분〉, KBS 〈강연 100°C〉, JTBC 〈말하는 대로〉에서는 수준 높은 강연을 무료로 시청할 수 있다. 이들이 말하는 내용을 당신만의 목소리로 따라 하는 것만으로도 발성에 큰 연습이 된다. 틈나는 대로 듣고 말하기를 연습하라.

나는 취업스터디를 하며 정말 많은 PT면접을 준비했다. 나는 모든 취업스터디들이 PT면접을 연습하는 줄 알았다. 하지만 생각보다 PT면접을 체계적으로 연습하는 친구들은 많지 않았다. 아직 PT면접의 중요성을 잘 모르기 때문일 것이다. 나의 첫 모의 PT면접이 녹화된 영상을 보았을 때는 충격 그 자체였다. 모든 문장을 말하기 전 '음', '어'라는 무의미한 음절을 꼭 말했다. 서 있을 때에는 양발로 당당히 서 있지 못하고 한쪽 다리로 짝다리를 짚고 있었고 화이트보드를 가리킬 때에는 구부정한 팔로 어색하게 지시했다. 말 그대로 총체적 난국이었다. 연습을 통해 조금씩 고쳐나갔지만 단번에 말하는 습관이 고쳐지지는 않았다. 하지만 꾸준히 노력해 하나씩 하나씩 고쳐나갔다.

PT면접을 대비하기 위해 점검해야 할 사항들은 다음과 같다.

첫째, 화이트보드 사용법이다. 화이트보드를 활용해 면접을 진행하는 경우에는 PT면접의 주제와 그에 대한 답변만 적기를 추천한다.

나머지는 말로 설명을 해주면 된다. 모든 문제는 면접관들 손에도 있다. 굳이 구구절절 적어가며 당신을 판매할 수 있는 시간인 면접시간을 까먹지 마라.

둘째, 목소리와 자신감이다. 처음에는 큰 목소리로 시작을 했다가 문장의 후반부로 갈수록 목소리가 작아지는 지원자들이 많다. 이 문제점은 문장을 짧게 말하는 연습으로 고칠 수 있다. "문제는 A입니다.", "해결방법은 B입니다.", "제가 이렇게 생각한 이유는 C가 가장 핵심적인 요소이기 때문입니다." 등으로 문장 하나에 1가지 키워드만 담으면 듣는 사람에게 당신이 말하고자 하는 바를 잘 전달할 수 있다. 문장이 길면 그만큼 실수할 확률도 높아진다. 실수할 확률을 줄이고 담백한 인상을 주도록 하자.

셋째, 인토네이션Intonation이다. 답변을 할 때 음의 높낮이가 없으면 무엇을 강조하고 싶은지 구별해내기가 쉽지 않다. 유심히 듣는다면 무슨 말을 하고 싶은지 알아차릴 수 있으나 답변이 귀에 쏙쏙 들어가지는 못한다. 나는 이 단점이 쉽게 고쳐지지 않아 목소리의 크기만 변화를 주었다. 강조를 할 단어인 키워드만 큰 목소리로 말했다. 인토네이션이 더해졌다면 좋았겠지만 이가 없으면 잇몸으로 살면 된다.

번외로 강조하고 싶은 이야기는 내용에 집착하지 말라는 것이다. PT면접은 주로 어려운 문제를 주고 그 문제에 대한 해답을 발표하는 방식을 가진다. 중요사항은 말하는 태도, 습관, 목소리, 눈 맞춤이다. 물론 창의적인 답변을 똑 부러지게 발표한다면 가장 높은 점수를 받을 것이다. 하지만 내용보다 중요한 것이 비언어적 요소다. 정답을 찾지 못했거나 남들이 모두 생각하는 답밖에 적지 못했다고 낙담하지 말라. 틀렸더라도 당당하게 말하는 것이 더 중요하다. 앞서 말했듯 모르면 모른다고 답하면 된다. 면접관들은 당신이 현재 알고 있는 지식이 중요한 것이 아니다. 당신이 입사하면 기업에서 교육을 통해 맞춤인재로 양성할 것이고 지금의 전공능력이 많이 사용되지 않을 수도 있다. 못 풀었다고 겁먹지 말고 아는 부분만이라도 당당하게 이야기해보자. 너무 긴장했다고 머릿속이 하얘졌다고 솔직하게 말씀드리면 정해진 질문지 외의 질문으로 기회를 더 주실 것이다.

누구나 남들 앞에서 당당하게 발표하는 자신의 모습을 꿈꾼다. 명사의 강연을 듣거나 교수님의 강의를 들으며 감탄했을지도 모른다. 하지만 당신이 놓치는 부분은 그 사람들도 처음에는 강연을 잘하지 못했다는 점이다. 피나는 연습이 그들의 당당함과 노련함으로 숙성되었다. 연습하지 않은 사람은 절대 모른다. 이론만으로 고기를 잘 굽는 방법을 배운 사람보다 고기를 태워보기도 하고 덜 익어 질긴 고기를 가위로 잘라본 사람만이 고기를 더 잘 구울 수 있다. 명심하라. 연습만이 살길이다.

취업스터디 100배 활용법

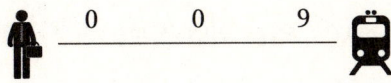

　　이번에는 힘든 취업준비 기간을 잘 버틸 수 있는 노하우를 공유해 보겠다. 취업준비를 시작할 때까지 나는 '독고다이'였다. 다들 스펙이 어느 정도 준비가 되고 정규직에 들어가야 한다며 인턴원서를 쓰지 않을 때 나 홀로 인턴에 지원을 했다. 그리고 대기업에서 5개월이라는 직무 관련 경험을 쌓았다. 또 혼자서 아름아름 면접 준비를 해 1차 면접을 통과까지 했기 때문에 취업준비도 나만 잘하면 어려움 없이 잘 될 것 같다는 막연한 생각이 있었다. 하지만 이런 내 생각은 정규직 전환을 위한 2차 면접 결과를 통해 바뀌게 되었다.

　　불합격 통보를 받자마자 나는 한 취업스터디에 가입했다. 취업스터디 이름은 미래를 준비하는 사람들의 줄임말 '미준사'였다. 모든 취업스터디가 그렇듯 앞서 있던 회원들은 취업과 동시에 떠났고 취업이 안 된 사람들만 남아 있다 보니 나도 어느새 중견회원이 되어 있었다. 새로운 회원들을 모집하고 서로가 알고 있는 노하우들을 모두 공유했다. 어느덧 하반기 공채를 맞이했고 우리들은 취업을 위해 피나는 노력을 했다.

약 15명이 활동했던 우리는 취업 정보와 노하우를 서로 공유했다. 취업준비란 어떤 것인지 차근차근 배웠고 내가 알고 있던 크고 작은 지식도 모두 나누었다. 나는 초반에 적응을 잘 못했지만 취업스터디 회원들 덕분에 인문학적 소양도 많이 쌓을 수 있었고 취업시장의 견문도 넓혔다. 무엇보다 외로운 취업준비 기간 많은 힘이 되어주었다. 학교에서 더 이상 이수할 과목이 없고 취업은 해야 하는 상황인 사람들이 모였으니 서로 모든 면에서 힘이 되어주었다.

미준사에서는 많은 커리큘럼을 운영했다. 자기소개서를 적어 가면 객관적인 눈이 되어 솔직하게 말해주었고 가끔 열심히 쓴 이력서도 접근방법이 잘못되었다며 다시 써오라고 했다. 이때 나는 글로 다른 사람들에게 내 감정을 표현하는 것이 어렵다는 것을 느꼈다.

또 우리는 언제 있을지 모르는 면접도 철저히 준비했다. 인성면접, PT면접, 토론면접 등 어떤 유형의 면접이 있을지 모르니 면접 방식별로 대비했다. 대부분이 인성면접이었지만 경험을 해본다는 것 자체가 큰 힘이 되었다. 내가 주로들 면접 피드백은 '진지하다'와 '재미없다'는 점이다. 혼자였으면 절대 깨닫지 못할 사실을 명확하게 알려주었다.

　나는 자기소개서와 면접에서 주로 도움을 받았고 특기인 인적성시험을 쉽게 푸는 방법을 공유했다. 특히 공간지각영역과 수리력에서 많은 도움이 되었다고 했다.

　대기업 인턴 경험이라는 큰 무기를 가졌던 나는 취업스터디라는 든든한 지원군과 함께하니 단번에 취업할 수 있다는 자신감이 있었다. 하지만 결과는 좋지 않았다. 그 당시 가족들 보기도 미안하고 괜히 집에 일찍 들어가기도 싫었다. 그때 취업스터디 회원들이 더 열심히 해서 다음번에 꼭 취업하자고 응원해주었다. 하지만 나는 미준사와 1년을 함께 보냈음에도 불구하고 취업을 하지 못했다. 내 자신에게 어떤 문제가 있다고 판단해 그것을 찾고 보충하기 위해 취업스터디와의 이별을 택했다.

　나 홀로 얼마나 준비했을까? 약 두 달 동안 나는 영어공부에만 미쳤다. 아침에 눈을 뜨면 토익학원에 가서 수업을 들었고 수업을 마치면 시립도서관에 가서 나 홀로 묵묵히 공부를 했다. 시간을 효율적으로 활용하고 있다고 혼자 생각도 했지만 취업을 혼자 준비한다는 것은 너무나도 외로웠다. 다음 공채를 시작하기 전 한 지인으로부터 취업 스터디를 함께 하자는 연락을 받았다. 한참을 고민했다. 결국 혼자 준비하는 것보다는 '함께 멀리' 가는 편이 낫다고 생각해 2번째 취업스터디인 '두드림'에 가입하게 되었다.

　두드림은 1번째 취업스터디인 미준사와 색깔이 많이 달랐다. 모두 취업에 대한 경험은 전무였고 공대생이라는 공통점이 있었다. 가장 큰 차이점은 카피라이터 모임이라는 것이다. 다른 회원들의 자기소개서나 면접에서 좋은 문구들이 있으면 자신의 경험에 맞게 벤치마킹해 사용했다. 비슷한 느낌의 소제목도 많았고 면접 마무리 인사도 비슷했다. 과정이야 어찌되었든 두 스터디 회원들 모두 지금 사회에서 열심히 살아가고 있어 기쁘다.

서로 색이 다른 2가지 취업스터디를 경험하며 느낀 점을 꼭 독자들에게 이야기해주고 싶다. 앞으로 설명하는 내용을 바탕으로 취업스터디를 진행한다면 보다 발전적인 모임이 될 수 있을 것이다.

첫째, 객관적인 눈으로 당신의 모습을 평가받아라. 서로의 자기소개서나 면접습관에 대해 솔직하게 말해주는 것은 분명 도움이 된다. 여러 명이 함께 봐주면 좋은 점과 잘못된 점을 그만큼 객관적으로 평가받을 수 있다. 여기서 주의해서 할 점은 절대로 가르치듯 설명하지 말라는 것이다. 취업스터디는 다들 취업을 해본 적이 없는, 서로 의견을 공유하고자 모인 조직이다. 누가 맞고 누가 틀렸음은 없다. 각자 객관적인 피드백을 제시하되 상대방을 존중하고 피드백이 어떤 의미인지 곰곰이 생각해보아야 한다.

둘째, 알고 있는 모든 것을 공유해야 한다. 나만이 알고 있는 노하우라고 공개하지 않으면 큰 그릇이 될 수 없다. 심지어 그것이 좋은 방법인지 좋지 못한지는 판단할 근거마저 없다. 많은 이들에게 공유해 취업스터디의 시너지를 창출하자.

셋째, 타이머를 맞춰 시험을 대비하자. 서류전형 하나를 통과하는 것도 어렵다. 서류전형 다음 코스인 인적성시험은 평소에 꾸준히 대비하지 않으면 안 된다. 서로 시간을 정해 이 시간만큼은 실전이라고 생각하고 집중해서 문제를 풀어보자. 여기서 의견이 갈리는 점이 인적성은 다들 혼자 이겨야 할 평가이므로 스스로 공부하라고들 말한다. 하지만 내 의견은 다르다. 분위기 조성이 매우 중요하다. 나는 많이 예민한 편이라서 혼자 공부하는 스타일이다. 누가 볼펜을 떨어뜨리거나 다리를 떨면 거기에 신경이 쓰여 집중하지 못했다. 하지만 실제 시험장에 가면 분명 다리를 떨고 헛기침을 하고 내 눈과 귀를 거슬리게 하는 응시자가 있다. 취업스터디에서 모여서 타이머를 맞춰 준비하다 보니 그 분위기에 적응해 버렸다. 그리고 인적성시험을 모두 뚫어버리는 좋은 결과를 얻었다.

넷째, 서로의 고민을 공유하는 시간을 가져라. 취업스터디의 가장 좋은 장점은 취업준비 중 든든한 지원군을 얻은 것이다. 혼자 보내는 시간이 많았을 때에는 막막했지만 나와 같은 고민을 하는 사람들이 많다는 것에 더 열심히 해보자는 열정을 가지게 되었다. 세상을 살아가는데 다양한 시각도 가지게 해주었고 무조건 혼자 고민하는 것이 답이 아니라는 것을 깨닫게 될 것이다.

취업스터디의 가치만 제대로 알면 100배 이상의 효율을 얻는다.

동료들을 얻는 것은 기본이다. 가족들이 이해 못하는 고민도 상담할 수 있고 서로 선의의 경쟁을 펼치는 자극제가 되기도 한다. 무엇보다 객관적인 관찰자가 되어준다. 규칙만 잘 지켜진다면 남부럽지 않은 취업준비 기간을 가질 수 있다. 스트레스 없이 취업준비를 하고 싶은가? 그렇다면 주위를 둘러보고 힘이 되어줄 취업전우를 찾아보라.

합격을 부르는
취업의 기술은 따로 있다

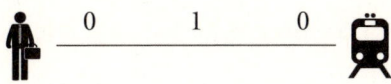

　나는 취업준비생 시절 취업 관련 도서를 많이 읽었다. 책에서 색다른 취업 기술을 익힐 수 있지 않을까 하는 기대가 컸다. 하지만 알고 있었던 내용이 대부분이었다.

　내가 취업준비생 시절 가장 답답했던 것은 취업의 기술은 다 알고 있다는 점이었다. 이미 알고 있지만 그 기술을 활용하기가 너무 힘들었다. 모든 자기소개서는 공들여서 작성했고 취업의 기술은 모두 적용되었다고 생각했다. 하지만 어느 기업에는 합격했고 또 다른 기업에서는 떨어졌다. 어떤 부분이 잘못된 곳인지 짚어주는 취업멘토가 없었던 셈이다. 결국 한 발 한 발 앞으로 나아가는 나만의 끈기로 취업을 해냈다. 그러나 당신은 나와 똑같은 실수를 할 필요가 없지 않는가? 가장 크고 작은 법칙들이 있지만 그 중에서도 가장 핵심적인 3가지를 강조하고 싶다.

첫째, 자기소개서는 무조건 술술 읽혀야 한다. 인사담당자는 회사에서 월급을 받고 하루에 몇 백 통이나 되는 자기소개서를 의무적으로 읽는다. 혹시 교수님이나 선생님이 필독서라고 추천하면 재미있게 읽던 책도 흥미를 잃었던 경험이 있는가? 누군가 나에게 강요한다는 느낌이 들면 일단 거부감이 느껴지는 것은 인간의 본성이다. 인사담당자들도 마찬가지다. 의무적으로 읽어야 하는 자기소개서들은 말 그대로 '업무'인 셈이다. 기지개를 켜고 지겨워하며 수백 통의 자기소개서를 읽던 중 술술 읽히고 재미있는 자기소개서를 발견한다면 그 지원자에게 흥미와 고마움을 느끼지 않을까? 자기소개서가 술술 읽히기 위해서는 5가지 조건이 있다.

1. 솔직하고 거짓 없는 나의 경험을 쓴다.
2. 다른 지원자들과의 차별된 경험을 쓴다.
3. 직무에 즉시 적용 가능한 나만의 강점을 적는다.
4. 학생이 아닌 직장인 관점으로 적는다.
5. 성과는 숫자로 표현해 이해를 돕는다.

나 자신을 남에게 드러내는 일은 생각보다 쉽지 않다. 하지만 취업준비생이라면 과감하게 자신을 내려놓아야 한다. 힘들었으면 힘들었다고 말하고 기뻤던 경험이 있으면 기뻤다고 표현해보자.

많은 지원자들은 강점을 성실함, 꼼꼼함, 엑셀 사용 능력 등으로 어필한다. 이렇게 자주 등장하는 단어들은 진부하다. '그래서 내 강점을 이야기하지 말란 말이야?'라고 생각할 수도 있다. 나 역시 그런 생각을 한 적이 있다. 하지만 진부한 단어도 살짝만 바꾸면 눈에 꽂히는 신선한 단어로 변신한다. 나는 성실함이라는 단어를 '2,118만 원의 성적장학금'으로 바꾸었고 '학생의 본분'이라는 단어로 각색했다. 직장인들은 숫자에 익숙해져 있기 때문에 성과를 숫자로 표현해주면 쉽게 이해한다. 무차별적인 숫자 폭격은 독이 되지만 임팩트 있는 수치는 술술 읽히는 자기소개서로 만들어준다.

둘째, 면접의 핵심은 진정성이다. 사실 면접에서는 정답이 없다. 깔끔하게 헤어스타일을 정리하고 튀지 않는 단정한 정장차림으로 면접장에 들어가면 그 후에는 면접관의 주관적인 색이 더해지기 때문에 획일화된 답이 없을 수밖에 없다. 그래서 나는 역발상을 시도했다. 결국 사람이 사람을 평가한다는 생각을 가진 것이다. 면접관도 사람이다.

"당신에게 취업이란 어떤 의미입니까?"라는 질문에 나는 경제적 독립이라고 말했다. 그 시절 나는 꿈과 자아성찰보다는 돈을 벌고 싶었다. 스스로 돈을 벌어 부모님께 용돈을 드리고 나에게 열심히 일한 보상도 주는 그런 직장인이 되고 싶었다. 그래서 나는 솔직하게 대답했다. 많은 취업 관련 도서에서는 돈을 말하면 계산적으로 보인다고 이야기한다. 하지만 자신이 가진 생각을 솔직하고 진정성 있게 대답하는 것이 더 중요하다.

나는 면접을 마치며 하고 싶은 이야기가 있으면 한마디 해보라는 기회를 얻었을 때 이렇게 대답했다.

"오늘은 면접관님들 앞에서 웃는 저의 앞모습만 보여드렸습니다. 입사 후에는 제 자리에서 묵묵히 일하는 저의 뒷모습도 보여드리고 싶습니다."

정말 내가 간절히 원하던 모습이다. 상사가 지시한 업무는 단순 반복 작업이라도 묵묵히 해나갈 자신이 있었다. 면접 당시 했던 마지막 말 때문인지 지금도 나는 뒷모습만 보여주며 묵묵히 일한다. 아무도 하고 싶어 하지 않는 단순 반복 작업도 스스로 지원한다. 꺼리는 업무이지만 누군가는 반드시 해야 하는 일이라면 한번 해보겠다고 말씀드린다. 그래도 나는 월급을 받으며 일할 수 있는 오늘이 행복하다.

면접 복장은 최대한 단정하게 입었다. 패션에 크게 관심이 없었기 때문에 최종 합격을 했던 면접에는 이마를 보이기 위해 앞머리를 올리지 않았다. 나는 입사 후 매일 아침마다 헤어스타일을 손질하지 않을 것이라는 사실을 알았기 때문에 최대한 단정하게 했다. 구두도 취업 컨설턴트가 추천해준 다크브라운 윙팁 구두가 있었지만 깔끔하고 광이 나는 아버지 구두를 신고 갔다. 면접복장은 단정하기만 하면 합격이다. 면접은 진정성, 솔직함, 단정함 이 세 단어에만 집중해보자.

셋째, 취업은 자기 확신이다. 사람은 각자 저마다 다른 재능을 가지고 태어난다. 자신은 느끼지는 못하지만 차별화된 재능이 반드시 존재한다. 취업은 남들과 차별화된 강점 하나만으로도 충분하다. 취업준비생들의 자존감은 쉽게 낮아질 수밖에 없다. 나 또한 패기 넘치게 취업준비를 시작했지만 자기소개서와 면접에서 불합격 소식이 들릴 때마다 자존감이 낮아졌다. 하지만 '나는 반드시 내가 원하는 직무에 취업한다.'라는 확신을 가졌고 지금은 그 뜻을 이루었다.

면접관들은 자신감 있고 패기 넘치는 신입사원을 좋아한다. 아직 당신의 강점을 스토리텔링 하는 방법이 미숙할 뿐이지 재능이 없는 것이 절대 아니다. 원하는 곳에 취업할 수 있다는 자기 확신을 가진다면 당신도 원하는 기업에 취업할 수 있다.

취업준비는 힘들지만 그 열매는 분명히 달다. 알고 있는 취업의 기술로 취업의 추월차선에 올라서라. 지금도 취업 관련 도서를 구입해 열독하고 있는 당신이라면 충분히 인사담당자를 감동시킬 수 있다. 당신은 결국 이길 것이다. 당신의 이 열정으로 당당히 취업하라.

05

> "취업은
> **끝이 아닌**
> 시작이다"

취업 전은 '전반전'이고 입사 후는 '후반전'이다

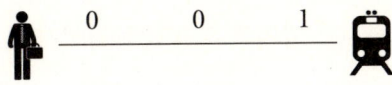

2002년 한일 월드컵, 대한민국은 역사상 처음으로 16강 경기를 치르게 되었다. 본선에서만 경기를 하다가 처음으로 토너먼트 경기를 하게 된 것이다. 16강 상대는 월드컵에서 3번이나 우승한 경험이 있는 강팀 이탈리아였다. 우리는 경기 시작 20분이 지나지 않아 이탈리아의 간판 스타 비에리 선수에게 헤딩골을 허용했다. 1대 0이라는 스코어는 후반전 종료 5분 전까지 변함이 없었다. 하지만 그때 우리나라의 설기현 선수가 기적 같은 동점골을 넣으며 경기를 원점으로 만들어 놓았다. 둘 중 한 팀이 올라가야 하는 토너먼트 경기였기 때문에 연장전까지 치르게 되었다. 우리나라 국가대표팀의 집념으로 경기 종료를 몇 분 남기지 않고 안정환 선수의 헤딩골이 이탈리아 골대의 그

물망을 갈랐다. 치열한 경기 끝에 첫 역전승을 이뤄냈고 대한민국 축구 역사상 한 획을 그었다.

국가대표팀이 경기에서 승리할 수 있었던 이유는 경기를 마칠 때까지 유지했던 집중력이었다. 불리한 위치에서 후반전을 맞이했지만 영혼까지 끌어당겨 집중한 결과 역전승이라는 짜릿한 승리를 거두었다.

나는 취업이 전반전을 마치고 후반전에 들어가기 전 휴식시간과 같다는 생각이 든다. 취업을 늦은 나이에 했다고 해서 인생에서 실패한 것이 아니다. 남들이 모르는 중견기업에 취업해도 상관없다. 전반전을 어떻게 보냈는지는 경기의 후반전과 전혀 상관이 없기 때문이다.

많은 사람들은 취업 후 간절한 욕망이 사라진다. 초등학생 때부터 지겹도록 들은 말이 현실로 이루어졌다고 느꼈기 때문일 것이다.

"열심히 공부하면 훌륭한 사람이 될 거야. 공부 열심히 해."

나는 초등학교 때부터 공부하라는 이야기를 많이 들으면서 자랐고 어른들이 하시는 말씀은 틀리지 않다고 생각했기 때문에 무작정 공부만 열심히 했다. 결국 대기업 연구원으로 입사했고 나는 '열심히 공부했더니 훌륭한 사람이 되었구나.'라는 생각을 가졌다.

입사 후 오랫동안 이 생각에 머물러 있었다. 말 그대로 '머물러' 있었다. 회사 업무를 열심히 했고 지인들과 여행을 다니며 추억을 쌓았다. 남들보다 치열하게 살았으니 직장인이 되어서 보상받아야 한다는 생각을 했다. 회사와 집만 열심히 다녔고 그 많던 학자금 대출도 깔끔하게 청산했다.

    2017년 1월 1일 새해계획을 세우며 문득 '지금처럼 이렇게 살아가는 것이 맞는 것인가?' 라는 의문이 들었다. 작년 한 해를 되돌아보게 되었고 2016년 새해계획 중 유일하게 달성한 계획은 '회사에서 성실함으로 인정받는 사람 되기'뿐이라는 것을 깨달았다. 나는 입사한 이후부터 회사만의 사람이 되었다. 나의 개인적인 꿈이나 목표가 없었다.

    나는 무수히 많은 고민을 했고 2017년은 내가 예전부터 꿈꿔온 일들을 하나씩 해보자는 생각이 들었다. 죽기 전에 이루고 싶은 버킷리스트는 종종 적은 적이 있다. 많은 항목들이 있었지만 가장 마음에 드는 1가지가 있었다.

    "책 1권의 저자가 되기."

    종이 위에 펜으로 꾹꾹 눌러가며 다시 적어보았고 2017년에는 한 번 도전해보자는 의지가 불타올랐다.

    책이라고는 1년에 10권 정도 읽는 것이 전부였으며 책 쓰기에 대한 생각은 막연한 꿈으로 남아 있었다. 책을 써보자고 생각한 것은 특별한 사건이 있어서가 아니다. 회사의 일만 하는 직장인이 되지 말고 개인적인 꿈도 이루어보자는 새해 다짐에서 시작한 것이다. 그렇게 책 쓰기에 관련된 책을 몇 권 구입했고 임원화 작가의 《한 권으로 끝내는 책쓰기 특강》을 만났다. 이 책 속에는 책 쓰기에 관한 내용이 상세하게 적혀 있었고 "누구나 작가가 될 수 있다."는 희망적인 메시지를 담고 있었다. 책에 적힌 내용을 하나씩 실천에 옮겨 보았고 나는 결국 '한국 책쓰기·성공학 코칭 협회'라는 카페를 찾아 가입까지 하게 되었다. 이 카페의 운영자는 20년 동안 200여 권의 책을 써낸 김태광 작가였으며 책을 쓰고 싶어 하는 이들에게 많은 도움을 주고 있었다. 나 또한 지금 이 책을 출간하기까지 김태광 작가와 임원화 작가의 많은 도움을 받았다.

취업 전을 전반전으로 취업 후를 후반전으로 나누어 보았을 때 나는 전반전과 후반전 사이, 남들보다 긴 휴식시간을 가졌다. 길다고 생각하면 길고 짧다고 생각하면 짧은 2년이라는 취업준비 기간을 가졌고 지금은 후반전을 막 시작한 시점에 있다.

사람들은 이제는 평생직장이라는 개념이 사라졌다고 이야기한다. 하지만 아직 한국에서는 영화에 나오는 미국인들처럼 여기저기로 이직을 하는 사람을 본 적이 없다. 그래서 나는 후반전을 어떻게 보낼 것인지 오랜 시간 동안 고민을 했다. 그 결과 '자신이 원하는 일을 하며 돈을 벌고 평소에 하고 싶었던 일들을 하는 것이 인생 후반전의 승리'라고 정의를 내렸다.

나는 대학교를 입학하고 공부를 했을 때 입학 이전의 삶이 크게 영향을 미치지 않는다는 사실을 깨달았다. 대학교에 진학하고 나서는 동기들이 중·고등학교에서 어떻게 생활하고 살아왔느냐는 중요하지 않았다. 같은 대학교에서 공부를 하고 있었다. 취업도 마찬가지였다. 명문대를 나오든 지방대를 나오든 같은 회사에 같은 날짜에 입사하면 그저 같은 입사동기가 되는 것이다. 내가 전하고 싶은 뜻은 우리의 전반전은 지나가고 있으며 2002년 월드컵 16강 경기처럼 후반전부터 잘 하면 인생경기에서 승리할 수 있다는 점이다.

신입사원 사원증을 받으면 전반전이 끝난다. 하지만 후반전이 시작되지는 않았다. 이루고 싶은 목표도 없고 어제와 같은 삶의 연속이라면 그것이 어떻게 후반전이 될 수 있겠는가. 나는 전반전과 후반전 사이 2년이라는 휴식시간을 가졌다. 하지만 이 책을 읽고 있는 독자들은 이 휴식시간을 단축시켰으면 좋겠다. 취업준비생과 직장인 사이에 존재하는 휴식시간을 줄이는 방법은 간단하다. 자신이 정말 일하고 싶었던 기업과 직무에 취업하는 것이다. 종이에 적힌 목표만 보아도 가슴이 설레는 일을 직업으로 삼는다면 인생의 절반은 성공한 것이다.

취업을 빨리했다고 인생에서 크게 성공한 것은 아니다. 자신이 진정으로 하고 싶은 일을 하는 것이 성공한 인생의 출발이라는 점을 명심하자.

합격하는 것만큼
버티는 것도 중요하다

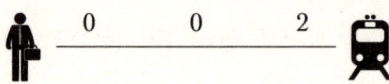

얼마 전 L이라는 친구로부터 연락을 받았다. 현재 하고 있는 업무와 적성이 잘 맞지 않아 퇴사를 생각 중이라는 것이다. 하지만 막상 퇴사 후 재취업에 도전할 모습을 생각을 하니 막막하다고도 했다. 회사에서 업무하는 것이 싫다 보니 아침에 눈을 뜨는 것부터 스트레스라고 한다. 나는 그 친구의 입장이 되어 생각해본 후 조언을 해줬다.

"취업준비할 때 얼마나 치열하게 준비한지 알지? 나올 때는 마음대로지만 다시 취업할 때는 처음보다 힘들다는 것 알지? 차라리 부서를 옮겨 봐."

그랬다. 이력서, 자기소개서, 인적성시험, 면접을 매일같이 준비했고 숨 쉴 시간이 주어지면 영어 점수를 5점이라도 더 높이려고 도서관에서 일어나지를 않았다. 정말 치열하게 살았다. 그렇게 우리들은 하나둘 취업을 했고 지금은 각자의 분야에서 자리를 지키고 있다. 힘든 시기를 같이 겪은 끈끈한 추억은 언제 생각해도 좋지만 숨 막히고 치열한 취업준비생의 삶은 다시는 돌아가고 싶지 않은 삶이다. 그런데 퇴직이라니. 어떤 일이라도 맡겨만 주면 소처럼 일할 수 있겠다던 취업준비생 시절 패기는 시간이 갈수록 점점 잊혀져간다.

요즘 젊은 직장인들 사이에서 '파랑새 증후군'이 심각하다는 뉴스를 들은 적이 한두 번이 아니다. 파랑새 증후군이란 벨기에의 작가 모리스 마테를링크의 《파랑새》의 주인공에게서 유래된 증후군으로 현실에 만족하지 못하고 미래의 막연한 이상만을 추구하는 병적인 증상을 말한다. 특히 자신이 생각했던 업무와 실제 자신이 맡은 업무 사이에 괴리감을 느낄 때 더욱 심하게 나타난다.

나도 이와 비슷한 경험을 겪은 적이 있다. 나는 설계 엔지니어라고 하면 서류작업은 많이 하지 않을 줄 알았다. 제품개발에만 집중하고 제품을 가공할 도면만 작성하면 될 줄 알았지만 실제로는 아니었다. 업무 비중을 보면 워드, 엑셀, 파워포인트 등 서류작업을 하는 업무가 약 7할을 차지한다. 또 회사생활에서는 각 부서에서 맡은 업무가 다르기 때문에 업무협조를 요청해야 하고 정리된 자료와 메일을 보내는데 많은 시간을 보낸다. 회사라는 조직에서 효율적으로 업무하기 위해서는 이것을 당연하게 받아들여야 한다. 이 사실을 깨우친 것은 불과 몇 달 전이다.

내가 만약 취업준비생으로 돌아간다면 면접을 보기 전 반드시 해당 기업의 현직자와 통화를 한 후 면접에 임할 것이다. 면접자는 회사의 분위기, 입사 후 맡게 될 업무, 주의해야 할 사항 등 각 회사별 기업문화와 직무별 특징을 철저하게 파악해야 한다. 자신이 어떤 삶을 살게 될 것인지를 명확하게 알아야 자신의 생각과 실제 업무의 괴리감을 없앨 수 있다. 먼저 입사한 선배들의 연락처를 취업지원팀에 물어보는 것을 무서워하고 부끄러워했던 나 자신이 부끄럽다. 독자 여러분들은 조금만 더 용기를 내서 교수님과 학교 취업지원팀에 적극적으로 물어보기 바란다.

요즘은 취업이 워낙 힘들기 때문에 퇴사를 결정하는 것이 쉽지 않다. 다시 취업준비생으로 돌아갈 용기가 나지 않기 때문이다. 주변 사람들의 이야기를 들어보면 회사에 한번 정이 떨어지면 다시 회사에 좋은 마음가짐을 가지기 힘들다고 한다. 그래서 나는 취업멘티들에게 첫 직장과 직무가 가장 중요하다고 코칭하고 있다.

내가 입사한 후 가장 힘들었던 시기는 입사 2년차 때 5일 연속으로 새벽 2시에 퇴근 했을 때이다. 제조현장에서 불량이 발생했는데 불량 원인을 찾을 수가 없었다. 제품의 납기가 임박했고 원인을 찾아야 했기 때문에 사무실에 있는 모든 짐을 들고 제조현장으로 달려갔다. 의심이 드는 몇 가지 요인이 있기는 했지만 각각 독립적으로는 문제가 없었다. 이 요인들이 합쳐지며 복합적인 새로운 문제가 생긴 것이다. 불량품과 양품을 판단하기 위해서는 시험을 해봐야 했지만 한번 시험을 하는데 4시간이라는 물리적 시간이 소요되기 때문에 시험만 여러 번 할 수도 없는 노릇이었다.

문제점을 찾는데 최대한 집중했고 결국 불량을 해결할 수 있는 결정적인 포인트를 찾았다. 그 문제점을 해결하기 위해 몇 번의 시험을 거쳤고 결국 금요일 오후 10시쯤 완벽하게 문제를 해결했다. 문제를 해결했다는 성취감과 함께 그동안 힘들었던 육체가 이제는 잠을 좀 자야 할 시간이라고 신호를 보냈다. 그리고는 주말 동안은 부족한 잠을 충전하며 시체처럼 누워 있었다.

육체적으로 그리고 정신적으로 힘든 일주일을 보내고 다시 적극적인 직장인이 되었다. 어떻게 다시 열심히 일을 할 수 있는지 곰곰이 생각해보니 그 이유는 '내가 하고 싶은 일'을 하고 있기 때문이라고 결론 내렸다. 나는 취업준비생 시절 진정으로 원하던 일을 찾았다. 실제 회사에서 해당 직무를 수행했기 때문에 고단한 업무도 나를 더 도약할 수 있게 만드는 디딤돌로 생각하며 웃으며 생활하는 것 같다.

나는 아직 자신이 원하는 직무를 찾지 않고 묻지마 지원을 하는 취업준비생들에게 조언을 해주고 싶다. 원하는 직무 1순위를 찾아보라고. 단순한 적성을 찾는 것이 아니다. 아무리 업무가 힘들어도 웃을 수 있고 남들이 시키지 않은 일도 스스로 하게 만드는 활력소를 찾는 것이다. 만약 당신이 원하지 않는 부서로 배치를 받았다고 가정해보자. 내가 싫어하는 업무만을 지시받고 나의 업무 전후 단계에는 관심이 없으면 수동적인 사람이 될 수밖에 없다. 부서에서는 부정적인 표정으로 주어진 업무만 하는 사람보다 웃고 자신의 업무를 즐기는 사람이 더 인정받고 사랑받는다. 굳이 자신에게 맞지 않는 가시밭길로 들어설 필요는 없다. 자신이 좋아하는 직무를 찾기 위해서는 위포트(www.weport.co.kr), 워크넷(www.work.go.kr), 잡코리아(www.jobkorea.co.kr), 인쿠르트(www.incruit.com) 등 직무 적성 사이트를 통해 당신이 진정으로 원하는 직무를 찾아보자. 하루가 걸릴 수도 있고 이틀이 걸릴 수도 있다. 지금 당장은 많은 시간을 뺏기는 것 같지만 앞으로 업무를 해나갈 일수를 생각한다면 충분히 투자할 만한 가치가 있는 시간이다. 반드시 원하는 직무를 찾기 바란다.

    취업을 하면 하루라는 시간 중 가장 오래 있는 곳이 회사가 되고 가장 많이 보는 얼굴이 직장동료가 된다. 그곳에서 당신이 웃으며 일하고 인정받는 모습을 상상하면 즐겁지 않은가? 찡그린 얼굴로 월급날만을 손꼽아 기다리는 신입사원이 되지 말자.

취업에 성공했다고
인생이 성공한 것은 아니다

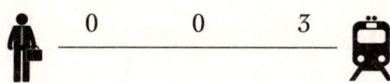

성공의 기준은 무엇일까? 어떤 이는 평범하게 사는 것이 성공이라고 하고 또 다른 이는 폼 나게 사는 것이 성공이라고 한다. 여기서 정답은 없다. 개인마다 생각하는 성공의 기준이 모두 다르다. 당신이 생각하는 성공의 기준은 무엇인가?

평범하게 사는 것도 성공이 될 수 있다. 평범하게 남들 출근할 때 출근하고, 남들 퇴근할 때 퇴근하며, 가끔 먹고 싶은 것을 먹으러 레스토랑에 가서 식사를 하고, 1년에 한두 번씩 해외여행을 떠나면 된다. 평범하게 자녀를 둘 낳아 기르고, 많이는 보내지 않고 영어·수학·태권도 학원만 보내면 평범한 육아가 된다. 사실 나열한 이것들도 모두 실현하기도 힘들다. 이것들만 해내도 성공했다고 볼 수 있을지 모른다.

하지만 내가 생각하는 성공의 기준은 조금 다르다. '내가 주인공인 인생'을 사는 사람이 성공한 사람이라고 생각한다. 유행에 휩쓸려 해외여행을 다녀오고 행복한 일상을 찍으러 맛집에 가본 적이 있다. 솔직히 나는 그렇게 즐겁지 않았다. 사진을 많이 찍지 않아서도 아니고 SNS에서 남들의 관심을 끌지 못해서도 아니다. 내 가슴을 울려주지 못했기 때문이다.

한번은 퇴근 후 내가 경제적 그리고 시간적 자유를 얻는다면 무엇을 하고 싶은지 깊게 고민한 적이 있다. 그중 대표적인 3가지는 다음과 같다.

1. 내 이름으로 된 책 1권 쓰기.
2. 동기부여를 주제로 테드^{TED} 무대에서 강연하기.
3. 3D 프린터로 아이언맨 제작하기.

나는 이 단어들 하나하나만 보아도 가슴이 떨린다. 책 1권의 저자 되기는 이 책의 출간을 통해 이미 이루어졌다. 나의 다른 버킷리스트들도 이뤄질 것이라고 생각하니 저절로 웃음이 나온다.

"생각하는 대로 살지 않으면 사는 대로 생각하게 된다."라는 시인 폴 발레리의 말에 전적으로 동의한다. 취업 후 회사에서 주는 월급을 받으며 다른 사람들과 똑같이 행동하고 생각한다면 정말 그렇게 살게 된다.

　일자리를 가지기 힘든 지금 이 시기에 취업을 했다는 사실만으로도 대단한 일을 해낸 것은 분명하다. 하지만 취업 후 직장인들 사이에 있으면 초심을 잃는 것은 순식간이다. 나는 입사 후 약 세 달 만에 초심을 잃었다. 하루하루 방대한 업무를 처리하고 여기 저기 불려 다니다 보면 육체는 늘 녹초가 되었다. 제 2외국어를 공부하고 새벽에 일어나 수영하겠다는 다짐은 조용히 자취를 감춘 것이다.

　쳇바퀴 같은 일상을 4주 동안 보내니 월급날이 되었다. 힘들게 번 돈이기 때문에 내가 사고 싶은 물건들을 샀고 먹고 싶은 음식들을 먹었다. 평소에 가지고 싶었던 시계도 구입하고 가보고 싶었던 레스토랑에 가서 맛있는 음식도 먹었다. 그렇게 월급을 보름 만에 탕진했고 어느새 다음 월급날만을 바라보며 묵묵히 일하는 내 모습을 볼 수 있었다. 이번 달 월급이 들어오면 무엇을 할지 고민을 하면서 말이다.

　그렇게 내가 사고 싶은 것들을 사고 먹고 싶은 것들을 먹으며 입사 후 반년 정도 일을 했을 때, 나의 생각과 몸은 달라진 점이 없었다. 가장 눈에 띄게 달라진 점이라면 친구들과 만나 술을 마시며 늘어난 뱃살뿐이었다. 하고 싶은 것들을 한다고 했지만 시간이 지나고 나니 내가 어디에 돈을 썼는지 얼마를 썼는지 무엇을 했는지 기억나지 않았다.

　대기업에만 입사하면 성공자로 인정받을 줄 알았는데 배나온 아저

씨가 되어가고 있었다. 대한민국에서 대기업에 입사하는 것만큼 힘든 것은 없을 것 같았는데 그 간절한 초심을 잃었다는 허탈감이 나를 더 힘들게 만들었다. 그래서 나는 계속해서 작은 목표를 세우고 그것을 이루며 점점 더 성장하자는 목표를 세웠다. 매일 조금씩 모든 면에서 점점 더 나아지다 보면 '진짜 성공자'가 될 수 있을 것 같다.

 취업은 성공한 인생을 사는 사람이 되기 위한 하나의 수단이다. 회사의 이익을 창출하면 그 일부를 월급이라는 경제적인 대가로 받을 수 있는 곳이 바로 회사다. 회사에서 개인의 성공까지는 신경 써주지 않는다. 성공한 인생의 나침반은 스스로가 들고 있는 것이다.

 만약 당신에게 하루에 8시간을 더 준다고 하면 무엇을 하고 싶은가? 혼자 32시간을 살 수 있다면 나머지 8시간 동안 무엇을 하겠는가? 게임? 친구들과의 친목도모? 아니면 영어공부? 지금 당신의 머릿속에 떠오른 것이 있다면 그것을 퇴근 후 실천으로 옮길 가능성이 상당히 높다.

 취업준비생에게 왜 벌써 이런 질문은 하는지 의아해 할 수도 있다. 당신이 하고 싶은 일을 하며 살아가는 것만큼 중요한 것도 없기 때문이다. 나의 경험상 아무리 좋은 곳에 취업해도 모든 것을 가진 것만큼 행복하지는 않다. 하지만 자신이 진정으로 원하는 것을 가진다면 그 장면을 상상하는 것만으로도 행복하다. 한 달 월급만으로 당신의 가치를 매기지 말고 나다움을 대표하는 단어를 찾아보자.

나의 노래방 애창곡은 봄여름가을겨울의 <Bravo My Life>이다. 이 노래를 듣기보다는 부르는 것을 무척 좋아한다.

"해 저문 어느 오후, 집으로 향한 걸음 뒤에 서툴게 살아왔던 후회로 가득한 지난 날. 그리 좋지는 않지만 그리 나쁜 것만도 아니었어. …중략…. 힘든 일도 있지 드넓은 세상 살다보면. 하지만 앞으로 나가 내가 가는 곳이 길이다."

노래 가사처럼 내가 가는 곳이 나의 길이다. 대기업에 취업해 고액연봉을 받으면 남들이 성공했다고 인정해준다. 실제로 최종 합격 통보를 실감했을 때 느낀 감정은 인생에서 느껴본 성취감 중 가장 큰 성취감이었다. 하지만 그 성취감은 오래가지 못한다. 자신만의 계획이 없으면 쳇바퀴 같은 일생에 녹아드는 것이 직장인들의 숙명이기 때문이다.

인생의 성공은 남들이 성공이라고 인정을 해주는 것이 전부가 아니다. 나 스스로가 행복한 삶을 사는 것이 성공이다. 최종 합격이라는 출발 신호를 듣고 그동안의 꿈꿔온 목표를 향해 도전하는 것이 '나 자신의 성공'으로 가는 출발이지 않을까? 취업 후 행복한 삶을 사는 사람이 이 시대의 진정한 브라보[Bravo]다.

취업 준비하듯 인생 계획을 세워라

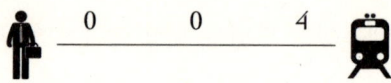

　입사 1년차, 3년차 직장인들은 무엇을 해야 할지 몰라 방황한다. 빅픽처를 그리지 않고 그저 앞으로만 전진했기 때문이다. 빅픽처 그리기는 생각보다 어렵지 않다. 큰 윤곽을 먼저 잡고 나머지 부분을 꼼꼼히 채워나가면 완성이다.

　취업준비생들은 취업에 목숨을 건다. 지금 당장 이루고 싶은 것이 명확하기 때문이다. 하지만 많은 취업준비생들이 취업 후 행보에 대해서는 잘 알지 못한다. 왜냐하면 자신들의 취업 후 행보는 그려보지 않았기 때문이다.

　나는 고등학교를 마칠 때까지 12년 동안 공부 외에는 할 줄 아는 것이 없었다. 공부를 잘하지도 못하지도 않는 그저 열심히 하는 학생이었다. 조금 비판적으로 본다면 공부 외에는 전혀 도전해보지 않은 학생이었다. 학생은 공부만 해야 한다고 생각해서 내가 하고 싶었던 밴드부나 댄스동아리에는 가입하지 않았다. 12년 동안 '해야 하는 것 vs 하고 싶은 것' 중 선택했던 것은 늘 '해야 하는 것'이었다.

하지만 대학교에 입학한 후에는 신세계가 펼쳐졌다. 마치 놀이터에 처음 놀러간 어린아이처럼 궁금한 것들과 해보고 싶은 것들이 하나씩 생겨났고 해보기 시작했다. 대학교생활을 본격적으로 시작했을 때 나는 몇 가지 다짐을 했다.

첫째, 오후 6시까지는 반드시 도서관에서 공부를 할 것.
둘째, 오후 6시 이후에는 반드시 도서관에서 나와 친구들과 놀 것.
셋째, 내가 하고 싶은 대외활동 및 봉사활동은 모조리 지원할 것.

나는 그 당시 놀고 싶은 만큼 놀지만 공부도 소홀히 하지 않는 사람이 되고 싶었다. 왜냐하면 '내가 꿈꾸는 삶'을 살고 싶었기 때문이다. 나는 전국 각지를 여행하며 친구들과 많은 추억을 쌓고, 학자금 대출을 1년 만에 갚을 수 있는 대기업에 입사하는 모습을 꿈꿨다. 이것이 나의 빅픽처라고 생각했었다. 취업이 인생의 마지막 관문인줄로만 알았기 때문이다. 하지만 취업 후 직장인 3년차가 되었고 이것은 스몰픽처였다는 것을 깨닫게 되었다. 더 크고 원대한 꿈이 없어서인지 내

가슴을 뛰게 만드는 것은 아무것도 없었다.

입사 후 2년 동안은 정말 열심히 일만했다. 왜냐하면 일밖에 할 줄 몰랐기 때문이다. 아침에 일어나 회사로 출근하고 업무를 했다. 내가 맡은 업무를 끝내지 않으면 밤 9시든 새벽 1시든 끝을 볼 때까지 집중했다. 내가 맡은 프로젝트는 크게 2가지가 있었는데 한 쪽의 급한 불을 끄면 다른 한 쪽에서 이슈가 발생했다. 그렇게 이곳저곳을 몸으로 뛰며 일하던 중 문득 이런 생각이 들었다.

'회사는 이렇게 여러 가지 프로젝트를 동시에 수행하고 있는데 나는 왜 업무에만 매달려 있을까? 나도 배우고 싶은 것들을 배우면서 자기계발과 업무를 병행하면 안 될까?'

큰 프로젝트를 마쳐 조금의 여유가 생겼을 때 내 과거를 되돌아봤다. 과거라고 해도 대학생시절과 학창시절뿐이었다. 나는 그동안 정말 알차게 생활했었다. 공부할 때에는 공부하고 운동할 때에는 열심히 운동했고 쉴 때는 쉬어가며 여러 가지를 동시에 했었다. 모두 내가 하고 싶었던 것들이었다. 과거를 통해 나도 동시에 여러 가지 일들을 병행할 수 있다는 사실을 깨우쳤다. 바로 취업 후 업무를 하면서도 내가 하고 싶은 것들 50가지를 종이 위에 적어보았다. 직장생활의 빅픽처를 그려본 것이다. 지금 당장 실행할 수 있는 것들도 있었고 시간과 돈이 많이 필요한 것들도 있었다. 또 어떻게 시작을 하고 언제가 적기인지 모르는 것들도 많이 있었다. 그럼에도 불구하고 이 많은 것들을 모두 해내고 싶다는 욕망이 생겼다.

 취업준비도 마찬가지라고 생각한다. 오로지 한 기업만을 목표로 삼으면 그만큼 당신이 뻗어나갈 수 있는 무대도 좁아진다. 자신의 강점을 살려 할 수 있는 업무에 대해서는 제한을 할 필요는 없다. 취업 후 설계 엔지니어에서 인사부서로 가는 선배도 보았고 재무팀으로 가는 분도 보았다. 당신의 무대와 부서를 너무 좁게 생각하지 마라. 당신이 일하는 무대의 넓이는 당신이 상상하는 꿈의 크기와 비례한다.

 취업의 문을 열면 무수히 많은 또 다른 문들이 존재한다. 선택의 폭은 어마어마하다. 하지만 대부분 직장인들은 돈을 모아 사랑하는 사람과 결혼을 하고 아이를 낳고 기르는 가장 평범한 문을 선택한다. 주위를 조금만 둘러본다면 색깔도 모양도 다양한 문들이 있는 데도 말이다. 모든 사람들이 선택하는 평범한 문에 영문도 모른 체 따라 들어가지 않아도 된다. 머리가 시키는 현실과의 타협보다 가슴이 시키는 꿈에 도전하길 바란다. 당신만의 계획을 세우고 당신만의 길로 걸어 나가라.

취업할 때만 공부하지 말고
평생 공부하라

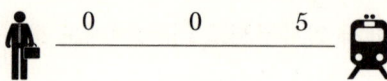

　2015학년도 수능 시험은 최고령 응시생으로 화제가 된 적이 있다. 그 주인공은 바로 81세의 조희옥 할머니이다. 할머니는 인터뷰에서 "배우지 않는 사람은 밤길 걷는 것과 마찬가지다. 죽을 때까지 배워야 한다. 행복이라는 게 마음먹기에 달린 것."이라고 말했다. 사람은 정말 태어나서 죽을 때까지 평생을 배워야 한다.

　할머니는 경제적 부를 위해서 공부한 것은 아니다. 그저 공부를 하고 싶어서 즐기는 마음으로 한 것이다. 인간은 본래 호기심이 많은 동물이다. '사과는 왜 나무에서 땅으로 떨어질까?', '휴대전화의 원리는 무엇일까?', '비트코인을 채굴하는 원리는 무엇일까?' 등 끊임없이 호기심을 가진다. 하지만 그 내용이 조금만 복잡해지면 '이런 호기심이 내 삶에 무슨 도움이 되나.'라고 생각하며 다시 쳇바퀴 같은 일상으로 돌아온다.

많은 사람들은 배움에 시간을 투자하지 않는다. 가장 큰 이유는 공부할 필요가 없다고 생각하기 때문이다. 굳이 시간과 돈을 들여서 공부를 하지 않아도 잘 먹고 잘 살기 때문이다. 하지만 이제는 상황이 달라졌다. 내 주변만 둘러봐도 자기계발을 하지 않는 직장인들의 목은 점점 조여들고 있는 모습이 보인다.

입사 후 1년이 지났을 때의 일이다. 같은 시기에 취업한 K라는 대학교 동기와 이야기를 나눈 적이 있었는데 2년이 지난 지금도 그때 K가 말했던 내용이 생생하게 기억난다.

"나 이번에 특허 출원했어. 생각보다 까다롭더라. 그래도 하나하나 챙기고 준비하니깐 결국은 이렇게 해내게 되었네. 너도 공부 잘했잖아. 특허 한번 내봐. 회사에서도 좋아할 거야."

나는 단단한 무엇인가로 뒤통수를 크게 얻어맞은 기분이 들었다. 나는 설계엔지니어임에도 불구하고 공부를 소홀히 했기 때문이다. 업계에서 최고의 전문가가 되어야 하는 분야임에도 불구하고 나의 지식은 입사했을 당시에 머물러 있었다. K와 이야기를 마치고 집으로 돌아와 당장 필요한 전공서적을 몇 권 주문했다. 하루에 3장씩 읽겠다는 나와의 약속을 정했고 꾸준히 실천에 옮겨갔다. 처음에는 무척이나 힘들었다. 몸에 습관이 밸 때까지 약 한 달이라는 인내의 시간이 걸렸다. 힘들었지만 그 시기가 지나자 퇴근 후 책을 집어 드는 것이 습관이 되었다. 전공서적이었기 때문에 진도가 빠르게 나가지는 않았지만 꾸준히 공부한 결과 책 1권을 독파할 수 있었다. 책의 모든 내용이 머릿속에 입력되었다면 거짓말이다. 하지만 핵심 내용들은 아직 머릿속에 남아 있다. 핵심원리를 이해하니 실제 업무에서 작은 도움이 되었다.

    취업 전에는 자기계발이 어떤 방향으로 도움이 되는지 몰랐다. 취업 후에는 어떤 자기계발을 해야 하는지 알고 있지만 시간적 여유가 없다. 그렇게 때문에 취업 후 자기계발이 더 중요하다. 방향은 알고 있기 때문에 속도만 유지하면 남들보다 한걸음 앞서기 때문이다. 나는 가랑비와 같은 자기계발이 중요하다고 전하고 싶다. 업무에서는 작은 도움이 될지라도 자기계발을 통해 얻은 노하우들이 점점 쌓이면 당신도 모르는 사이 지식의 빗방울에 흠뻑 젖어 있을 것이다.
    반드시 자신의 분야에서만 자기계발을 할 필요는 없다. 인생을 살아가는데 도움이 되지만 업무적으로는 굳이 알 필요가 없는 지식들도 많다. 최근에 나는 부동산과 주식투자 분야에서 자기계발을 하고 있다. 세금, 주식, 부동산 등 돈에 관련된 책이라면 닥치는 대로 읽고 있다. 책 속에는 활용하기 쉽고 나를 성장시키는 스킬들이 녹아 있다. 하면 할수록 돈과 시간을 벌 수 있는 것이 명백한데 자기계발을 하지 않는 것은 미련하다고 생각하지 않는가?

　자기계발은 크게 3가지로 구분할 수 있다. 첫째, 업무능력과 시간을 단축시켜주는 자기계발. 자신의 직무에 꼭 필요한 역량과 지식이 있을 것이다. 모른다면 공부해야 하고 알고 있더라도 학문의 깊이를 조금 더 쌓는 욕심을 부리는 것이다. 이 자기계발은 승진과 인사고과에 큰 도움이 된다고 확신한다. 둘째, 살아가는데 도움이 되는 자기계발. 흔히 알고들 있는 말하는 습관, 시간관리, 독서 등이 여기에 속한다. 자신의 인생을 좀 더 멀리 보는 사람들이 주로 하는 자기계발이다. 100살까지 사는 시대에 태어났지만 60살이 조금 넘으면 은퇴하는 것이 당연하게 받아들여지므로 이와 같은 자기계발도 소홀히 해서는 안 된다. 셋째, 내가 예전부터 하고 싶었던 자기계발. 나는 책 쓰기라는 큰 자기계발에 도전했다. 결국 이렇게 책이 세상 밖으로 나왔다. 포기하지만 않으면 무엇이든지 이룰 수 있다는 점을 깨달았다는 사실이 책보다 더 큰 교훈으로 남는다. 책을 쓰기 위해 많은 책들을 읽었고 책을 통해 저자들을 만났다. 또 세상에 나의 목소리를 표출하는 방법과 전달하고자 하는 핵심을 강조하는 방법 등 인생을 살아가는데 피가 되고 살이 되는 노하우들을 정말 많이 얻었다. 내가 배운 지식들이 회사에서는 전혀 도움이 되지 않을지도 모른다. 하지만 꾸준히 하는 사람을 절대 이길 수 없다.

　취업에 성공했다고 절대로 자기계발을 멈추지 마라. 강한 사람이 오래가는 것이 아니라 오래가는 사람이 강한 사람으로 남는 법이다. 사람은 죽기 전까지는 계속 배워야 한다는 사실에 격하게 공감한다. 월급의 일부는 무조건 자기계발을 위한 금액으로 남겨놓고 당신의 가치를 높이는 일에 과감히 투자해보자.

입사 후에도
'이미지 메이킹'에 신경 써라

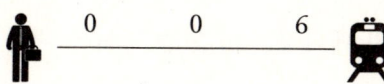

　EBS 〈다큐프라임〉의 '인간의 두 얼굴' 편을 보고 신선한 충격을 받은 기억이 있다. 영상에서는 33살의 한 남성이 실험자로 나온다. 내가 보기에는 그저 평범한 남성이었다. 이 남성은 평소 입는 옷인 빨간 체크무늬 셔츠와 청바지를 입고 명동의 한 쇼윈도 안에 서 있다. 그리고는 지나가는 시민들에게 남성의 연봉을 예상하고 매력지수를 10점 중 몇 점을 주겠냐고 질문한다. 그 결과 연봉은 약 3,000만 원으로 추정되었고 매력지수도 약 2점으로 낮게 평가되었다.

　하지만 다음날 동일인물이 양복을 입고 헤어스타일에 신경을 쓰니 평가가 180도 달라졌다. 시민들이 예상하는 연봉은 양복을 입기 전과 비교해 2배가 넘는 7,300만 원으로 바뀌었다. 매력지수도 약 8점으로 변화 전과 비교해 두세 배 정도 높이 평가받았다. 더 놀라운 사실은 성격도 유쾌하고 쾌활할 것 같아 보이고 집안도 빵빵해 보인다는 이야기를 들은 것이다. 옷차림만 달라졌을 뿐인데 지나가는 시민들의 평가는 극과 극이었다. 이 영상을 보고나서 외모에 좀 더 신경을 쓰기 시작했다. 이미지 메이킹의 중요성을 깨달은 것이다.

 취업에서 이미지 메이킹은 아주 중요하다. 내가 취업준비를 했을 때만 해도 이력서에서 가장 큰 비중을 차지하는 항목은 증명사진이라고 여겼다. (미국에서는 지원자의 사진을 요구하는 것 자체가 불법이며 현재 우리나라도 증명사진을 필수적으로 보지 않고 있다.) 학교의 취업지원팀에서 초빙한 강사조차도 사진이 80%라고 말했으니 말이다. 나는 취업스터디 친구들과 거금을 들여 이력서 사진을 잘 찍는다는 스튜디오를 예약해 이력서 사진을 찍었다. 하늘색 배경에 앞머리를 올리고 미소를 짓고 있는 증명사진이다. 스스로가 봐도 확실히 깔끔해 보였다. 남자 지원자들은 대부분 나와 비슷한 사진을 1장씩은 가지고 있을 것이다.

 이미지가 가장 중요한 전형은 누가 뭐래도 면접전형이다. 지원자의 이미지에 따라 큰 점수가 움직인다. 면접에서는 표정과 자세 그리고 말투가 중요하다. 답변 내용만큼이나 중요한 요소들이다. 이 요소들은 하루아침에 준비되는 것이 아니므로 서류전형 합격 여부에 관계없이 항상 준비해야 한다. 나도 면접을 준비하며 말투에 가장 많은 신경을 썼다. 아무리 공격적이고 자존심을 긁는 압박질문에도 항상 웃는 표정으로 여유 있게 답하는 연습을 했다. 신입사원 면접의 경우 말투는 부드럽고 여유 있을수록 좋다. 자세는 30분 동안 허리와 어깨를 꼿꼿이 펴고 앉아 답변하는 연습을 했다. 처음에는 시간이 지날수록 자세가 구부정하고 얼굴이 붉으락푸르락했지만 모의면접을 동영상으로 촬영해 보니 고쳐나갈 수 있었다.

또 면접관은 수 년 동안 면접을 봐왔기 때문에 이미지만으로도 사람의 성격과 능력을 평가할 수 있다고 한다. 그 말을 믿기 때문에 더 열심히 이미지 관리에 신경을 썼다. 지금 다시 취업준비를 하더라도 이미지에 대해서는 게을리 준비하지 않을 것이다.

이처럼 취업에서 이미지는 매우 중요한 항목이다. 취업의 당락을 좌우할 수 있기 때문이다. 그래서 내가 강조하고 싶은 부분은 취업 후에도 이미지 메이킹에 신경을 써야 한다는 것이다. 이미지 메이킹은 외모관리보다는 상위 개념이다. 이미지 메이킹에는 외모, 성격, 말습관 등이 있다.

외모를 통한 이미지 메이킹 방법 중에는 헤어스타일에 변화를 주는 것이다. 늘 같은 헤어스타일만을 고집하지 말고 헤어스타일을 한번씩 변화시켜보자. 헤어스타일은 이미지의 약 70%를 차지한다. 직무상 많은 사람을 직접 대면해야 한다면 앞머리를 올려 이마를 드러내 보자. 앞머리로 이마를 가렸을 경우에는 얼굴이 눈썹 밑에서부터 시작되어 턱에서 끝이 난다. 이 상태에서 이야기를 하면 상대방은 당신의 턱에서부터 코까지 만을 보게 된다. 하지만 듣는 사람을 집중시키고 신뢰를 주기 위해서는 눈 맞춤이 필수적이다. 이마를 드러내게 되면 얼굴의 중심은 눈에 더 가까워지며 이야기를 듣는 청중은 말하는 사람의 눈을 보게 되어 있다. 많은 사람들을 만나는 영업 직무에서 일을 하고 싶다면 꼭 한번 실천하기를 권장한다. 또 영업직무가 아니더라도 회사에서 중요한 발표가 있는 날 이마를 보여 회사의 선배들과 눈을 자주 마주치도록 해보자. 평소 앞머리로 이마를 덮고만 다니다 갑자기 이마를 드러내면 부자연스러울 수 있으니 평소에도 가끔씩 헤어스타일에 변화를 줘보자.

그 다음 중요한 사항은 말 습관이다. 사람들은 저마다 다른 말 습관을 가지고 있다. 같은 뜻의 말을 하더라도 사람들은 저마다 다른 단어와 표정을 가지고 말한다. 가만히 들어보면 같은 뜻을 말하고 있지만 어떤 이는 긍정적인 단어를 사용하고 웃는 얼굴로 이야기한다. 또 다른 이는 부정적인 단어를 많이 사용한다. 나는 요즘 '덕분에'라는 단어를 자주 사용한다. 문장에 들어가는 모든 '때문에'를 '덕분에'로 바꾸어 말한다. 공식적인 자리나 보고서에는 적지 못하지만 항상 긍정적으로 생활하는 습관이 생겼다.

말하는 표정 또한 중요하다. "웃는 얼굴에 침 못 뱉는다."라는 속담처럼 웃는 얼굴을 싫어하는 사람은 없다. 항상 웃는 얼굴로 말을 하는 습관을 가진다면 직장 동료들도 웃는 얼굴로 맞이해줄 것이다.

이 외에도 인사예절 지키기, 말을 끝까지 듣고 말하기(의외로 상대방의 말을 끝까지 듣지 않고 말하는 직장인들이 많다), 회의실에 5분 일찍 도착하기, 회의 중에는 휴대전화 진동모드로 전환하기 등 지켜야 할 것들이 많다.

좋은 이미지를 가지지 않는다고 해서 월급이 줄어들지는 않는다. 하지만 나는 알고 있는 모든 매너와 에티켓은 지키려고 노력하는 편이다. 가끔 주위 사람들로부터 왜 그렇게 빡빡하게 사냐는 질문을 종종 듣는다. 하지만 EBS 〈다큐프라임〉의 실험에서도 알 수 있듯이 사람들은 이미지만을 보고 평가하기 쉽다. 내가 열심히 노력해서 얻은 결과물이 과소평가되는 것이 싫기 때문에 나는 철저히 이미지 관리를 한다.

직장동료들도 사람인지라 업무의 전문성만으로는 평가할 수 없다. 만약 A와 B 두 사람이 프레젠테이션을 했다고 가정해보자. A의 발표 자료는 주제를 크게 벗어나지 않았다. 발표 자료의 그래프는 한눈에 쉽게 비교할 수 있도록 작성되었고 사진은 화면당 하나씩 사용하였다. 좋은 음색, 발음, 자세로 발표했고 주어진 시간에 마쳤다.

한편 B의 발표 자료의 내용은 아주 좋았다. 단 전문적인 단어도 많이 사용되었기 때문인지 한눈에 직관적으로 이해하기는 힘들었다. 청중들을 이해시키기 위해 부연설명을 하느라 발표시간은 약 10분 정도 초과했다. 당신이 청중이라면 어떤 발표가 기억에 남겠는가? 아니면 당신이 팀장이라면 누구에게 높은 점수를 주겠는가? 나는 A가 더 높은 점수를 받았을 것이라고 예상한다.

물론 프레젠테이션과 이미지가 정확하게 일치하는 것은 아니다. 이미지 메이킹도 이와 일맥상통하다는 뜻이다. 대한민국 직장인들은 자신이 맡은 업무만을 처리하기에도 시간이 부족하다. 타인은 신경 쓸 시간이 없다. 바쁜 업무 탓에 이미지 메이킹의 중요성을 간과하고 많은 이들이 신경 쓰지 못한다. 그래서 당신은 취업 후에도 이미지 메이킹에도 더욱 신경 써야 한다. 바쁜 직장인들은 당신의 구체적인 이력을 잘 기억하지 못한다. 당신의 어렴풋한 이미지만을 기억한다. 당신이 좋은 이미지를 가지고 있다면 당신을 좋은 사람으로 기억하고 좋지 못한 이미지를 가졌다면 좋지 못하게 기억한다. 당신이 조금만 더 이미지에 신경을 쓴다면 당신의 능력을 과소평가받지는 않는다는 사실을 기억하자.

돈 버는 기계가 아닌
꿈꾸는 사람이 되어라

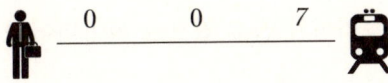

얼마 전 브렌든 버처드가 쓴 책 《메신저가 되라》를 읽었다. 브렌든 버처드이 책, 강연, 코칭, 컨설팅을 통해 연 수입 100만 달러(한화로 약 10억 원)를 넘긴다는 사실에 깜짝 놀랐다. 미국에서 'Experts Academy'를 설립해 운영하고 있으며 30대의 젊은 나이에 꾸준히 연간 10억 원 이상의 수입을 내며 많은 사람들을 돕고 긍정의 에너지를 전파하는 동기부여가이다. 이 책의 초반에는 죽을 뻔했던 교통사고로 인생의 2번째 티켓을 받았다는 내용이 적혀 있다. 나는 이 문장을 읽고 온 몸에 소름이 쫙 돋았다. 나도 죽을 뻔했던 교통사고를 2번이나 경험했기 때문이다.

첫 교통사고는 내가 7살이 되던 해 가을에 일어났다. 평범한 일상이었다. 당시 나는 동네 미술학원에서 미술을 배웠는데 그날은 새로 산 신발을 신고 학원에 갔었다. 학원은 실내화를 신고 수업을 했기 때문에 신발장에 새로 산 신발을 잠시 벗어두고 수업을 들었다. 수업을 마치고 집으로 돌아가려는데 새로 산 신발은 없고 비슷한 모양을 한 사이즈가 크고 헌 신발만 1켤레 있었다. 어떻게 할 방법이 없어 미술 선생님께서 주신 슬리퍼를 신고 집으로 돌아와야만 했다.

　집에 도착해서는 어머니께 새로 산 물건을 잘 관리하지 못했다는 이유로 크게 혼이 났다. 곧 미술학원에서 전화가 왔다. 신발을 바꿔 신고 간 학생이 내 신발을 학원에 돌려놓고 갔다는 것이다. 그래서 나는 바로 신발을 찾으러 학원으로 향했다. 새 신발을 신고 돌아오는 길이었다. 신호등이 없는 횡단보도를 건너기 위해 도로에 차들이 다니는지 확인하려고 불법 주차된 두 자동차 사이로 머리를 내밀었고 그 후 나는 기억을 잃었다. 병실에서 눈을 떴을 땐 가족과 의사선생님들이 나를 빙 둘러서서 지켜보고 있었다. 차가 오는지 확인하려고 내민 머리가 달려오던 택시의 사이드미러에 부딪힌 후 정신을 잃었다는 것이다. 이후 나는 타이어에 발이 낀 채 약 15미터를 끌려갔다고 한다. 머리를 부딪치고 뒤로 넘어졌기에 발이 끼었던 것이지 앞으로 넘어졌다면 병원에 오기 전에 죽었을 것이라고 했다.

　그렇게 차의 무서움을 알고 초등학교에 입학했다. 그 후에는 차를 조심하기는 했지 다른 친구들과 특별히 다르지는 않았다. 그렇게 중학교, 고등학교를 평범한 학생으로 졸업했고 대학생이 되었다. 대학생이 되어 나는 무전여행 동아리에 가입을 했고 엄지손가락 하나로 히치하이킹을 하며 전국을 누리는 여행의 매력에 흠뻑 빠져 지냈다.

2번째 교통사고는 2011년 여름, 복학을 앞두고 후배들의 무전여행을 응원하기 위해 경상남도 합천근처의 작은 마을을 갔다가 겪게 된다. 한 선배의 차를 타고 동아리 후배들이 있는 캠핑장에 도착했다. 무전여행을 온 동아리 회원들과 시간 가는 줄 모르고 이런 저런 이야기를 나눴고 텐트에서 잠을 잤다.

다음날 같이 간 선배들과 나는 아르바이트를 가야 했기 때문에 여행에서 돌아와야만 했다. 아르바이트에 늦지 않기 위해 빨리 달린 탓일까 선배는 과속을 했고 결국 사고가 났다. 커브에서 속도를 주체하지 못하고 미끄러져 가이드레일을 타고 올라간 것이다. 차는 왼쪽으로 뒤집어져 약 100미터를 미끄러졌다. 나는 당시 왼쪽 뒷좌석에 앉아 있었기 때문에 차가 뒤집어져 미끄러지는 동안 내 코앞에는 아스팔트가 있었다. 미끄러지며 차체가 아스팔트와 마찰해 불꽃이 튀는 모습도 눈앞에서 보였다. 차가 완전히 멈추었지만 차 문이 찌그러져 열리지 않았고 겨우 깨진 창문 사이로 탈출할 수 있었다. 180도 뒤집어져 김이 나고 있는 자동차의 모습을 보고 있으니 정말 영화의 한 장면 같았다. 차의 모습만 본다면 탑승자 전원이 즉사했다고 해도 믿을 만 했다. 만약 뒤따르던 차가 1대라도 있어 추돌했다면 정말 끔찍한 일이 생겼을 것이다. 곧 구급차가 왔고 근처 병원으로 옮겨졌다. 다행히 탑승자 모두가 크게 다치지는 않았다. 사고 차량은 그날 폐차를 했고 나는 며칠 동안 왼쪽 어깨에 박힌 아스팔트와 유리조각을 빼기 위해 병원을 다녔다. 평생 흉터가 남을 것이라는 왼쪽 어깨에는 아직도 상처가 있다. 지금도 가끔 그때의 상황이 떠오른다. 너무나도 생생해 소름이 끼친다.

나는 하나의 생활신조를 가지며 살고 있다. "후회하는 삶을 살지 말자."는 것이다. 당장 내일 죽을지도 모른다는 생각으로 하루하루를 열심히 살아왔고 살고 있다. 좀 더 적확하게 표현하자면 매분 매초를 열심히 살았다. 학교에서 강의를 듣는 날이면 강의실 맨 앞줄 가장 중간에서 열심히 수업을 들었고 과제도 늘 가장 먼저 했다. 또 친구들과 놀 때는 열심히 즐겼다. 매주 여행가기를 목표로 잡고 친구들과 3만 원을 들고 당일치기로 바다구경을 간 적도 있다. 정말 무슨 일이든 최선을 다하며 살고 있다.

학생 때 하고 싶은 것들을 모두 하고 졸업해야 취업 후에도 후회 없이 일할 수 있다는 생각에 대외활동도 많이 했다. 친구들에게 학업에만 열중해도 모자랄 판에 무슨 바람이 들어 그렇게 밖으로 나돌아 다니냐는 비난을 받기도 했다. 하지만 나는 내일 죽어도 여한 없는 삶을 살기 위해 누구보다 치열하고 즐겁게 살았다. 지금도 마찬가지로 원하는 꿈들에 도전하며 살고 있다.

많은 사람들이 현재의 모습에만 집착한다. 좀 더 미래를 본다면 1년 후를 바라본다. 하지만 나는 죽음의 문턱을 만져봤기 때문일까?

죽기 전의 내 모습을 바라본다.

　당신의 꿈은 무엇인가? 금융권 대기업 직원인가? 아니면 공기업 사무직인가? 그것도 아니면 9급 공무원인가? 직장인이라면 상위 고과를 맞아 연봉등급을 올리는 것인가? 계획이 아닌 꿈을 가져라. 꿈꾸는 시간만으로도 행복해질 수 있다.
　지금 다니고 있는 직장에 취업하고 3달 쯤 지났을 때 한 소식을 듣고 깜짝 놀란 적이 있다. 같은 회사 사원 1명이 "제 꿈은 세계일주입니다."라고 말한 뒤 퇴사한 것이다. 오랜 취업준비 기간을 거쳐 취업했기 때문에 그 용기가 멋있어 보였다. 지금 다시 생각해도 정말 멋있는 결정이다.
　직장인들은 돈 버는 기계로 불린다. 한국의 직장인들 중 많은 사람들이 꿈 없이 살아간다고 한다. 얼마나 슬픈 현실인가. 매일 반복되는 일상에서 꿈을 갖기 힘들다는 생각은 편견이다. 나는 현재 꿈꾸는 버킷리스트들을 실천하는 상상만으로 가슴이 쿵쾅거린다. 꿈을 지금 당장 이루자는 것이 아니다. 당신이 정말 원하는 꿈을 곰곰이 생각해보고 인생의 빅픽처를 그려보자는 뜻이다. 종이 위에 지금 생각나는 꿈을 적어보아라. 당신은 머지않아 그 꿈을 향해 한 발 한 발 걸어가고 있는 자신의 모습을 발견하곤 깜짝 놀랄 것이다. 생각보다 당신을 응원하는 사람은 많다. 하고 싶은 일을 하며 사람답게 한번 살아보자.

취업은 끝이 아닌 시작이다

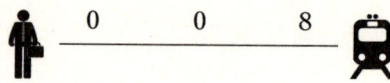

"이제 시작이죠."

내가 자주하는 농담이다. 회사의 큰 세미나를 수료했을 때, 중요한 업무의 첫 삽을 떴을 때 등 힘든 일정을 마치면 저렇게 너스레를 떨곤 한다. 학생 시절에도 마찬가지였다. 학기의 마지막 기말고사를 치고 나왔을 때, 축구경기를 마쳤을 때, 국토대장정을 완주했을 때 그리고 취업했을 때마저 친구들을 향해 이렇게 이야기했다.

"이제 시작이지."

나는 진심으로 취업이 시작이라고 생각한다. 나의 경우에는 취업하기 전까지 주입식 교육을 통해 머릿속에 지식만을 인풋Input했다. 특별한 아웃풋Output은 없었다. 하지만 취업을 하고 내 미래를 그려보며 점점 아웃풋을 내고 있다.

내가 생각하는 아웃풋은 남들과 조금 다르다. 단 30초라도 내가 원하는 삶의 목표를 향해 나아가는 것이 내가 생각하는 진정한 아웃풋이다. 서류가방을 들고 회사와 집만을 반복해 명예롭게 퇴직하는 것이 내 꿈은 아니다.

나는 남들과 다른 삶을 살고 싶다. 눈에 보이듯 뻔한 월급, 보너스, 진급 때로는 누락. 그리고 대리, 과장, 차장 그리고 부장. 회사 선배들이 나의 3년 후, 5년 후, 10년 후 모습을 눈에 보이듯 선하게 그려주셨을 때 나는 많이 허탈했다. 하루에 9시간을 18시간처럼 활용해 엄청난 업무를 처리해내도 나는 그저 '부서원'일 뿐이었다. 미래를 상상해보았고 선배들이 말씀해주신 대로 될 것 같았다. 그래서 나는 일상생활을 즐기며 내가 주인공인 삶을 살기로 결심했다.

얼마 전 작은 꿈 하나가 실현되었다. 내가 2018 평창동계올림픽의 성화 봉송주자로 선발된 것이다. 업무를 진행하는 동시에 업무 외적인 대외활동에 도전하기란 쉽지 않았다. 우여곡절도 있었지만 내가 하고 싶었던 일에 시간과 에너지를 투자하는 중이었기 때문에 웃으며 준비할 수 있었다. tvN에서 방영한 〈응답하라 1988〉의 덕선이처럼 돼보고 싶었다. '전 세계인들이 시청하는 TV에 출연하기'라는 나의 작은 꿈 하나가 현실이 된 것이다. IOC와 메일을 주고받으며 내가 원했던 꿈을 손에 넣으니 웃으며 생활할 수밖에 없다.

　내가 이 책을 집필한 목적은 뚜렷하다. 독자들이 취업을 하고 웃으며 회사생활을 했으면 좋겠다. 취미생활도 가지고 꿈을 꾸며 행복하게 살기를 바란다. 왜 대한민국에서 태어난 청춘들은 고개를 푹 숙이고 자신감 없이 살아가야만 하는가.
　다른 취업 관련 도서들과 전달하고자 하는 바가 조금 다르다. 취업하는 것을 물고기 잡는 것이라고 비유를 해보겠다. 취업이라는 물고기를 직접 낚아주는 책들을 많이 보았다. 마치 '취업학개론'이라는 과목의 교과서처럼 말이다. 나는 개인적으로 독자들이 스스로 물고기를 잡았으면 좋겠다. 취업을 잘 하는 법, 즉 물고기를 쉽게 잡는 방법을 공유하는 것도 좋지만 용기를 내서 한 발자국 더 나아가보았으면 한다.
　취업준비생들에게 왜 취업을 하고 싶은지 질문을 던지고 싶다. 왜 취업이라는 물고기를 잡아야만 하고 왜 그토록 잡고 싶어 하는지 묻고 싶다. 나는 독자들이 왜 취업을 하고 싶은지 구체적으로 듣고 싶다.

　당신은 왜 취업이 하고 싶은가? 만약 당신이 취업하고 싶은 이유가 행복하게 잘 살고 싶어서라면 게으름을 피우며 취업을 멀리할 이유가 없다. 당신이 원하는 삶이 있고 죽기 전에 해보고 싶은 꿈들이 있다면 취업을 목숨 걸고 하지 않을 이유가 없다.

스스로가 정말 필사적으로 노력하는 '과정'은 죽을 때까지 당신을 배신하지 않는다. 나는 가끔 업무가 막혀 스트레스를 받을 때면 취업이 간절했던 취업준비생 시절을 되돌아본다. 간절했고 항상 넘어졌다. 넘어지고 넘어져도 다시 툭툭 털고 일어났다. 취업을 위한 당신의 작은 노력들이 모여 당신의 삶을 더욱 크게 만들 것이라고 확신한다.

지금의 모습으로 당신의 가치를 판단하지 마라. 아직 시작하지 않았다. 하늘은 해 뜨기 직전이 가장 어두운 법이다. 이제 취업준비생을 끝내고 대한민국 직장인으로 당당하게 새 삶을 시작해보자. 세상에는 당신을 응원하는 사람들이 많다. 당신의 꿈을 진심을 담아 응원한다.

에필로그 epilogue

　한창 취업을 준비할 때 나는 특별한 스펙 없이도 취업하는 친구들이 미워서 견딜 수가 없었다. 정말 열심히 살았고 매분 매초 노력하고 있는데 나만 취업이 안 되는 것 같다는 생각이 들었다. 세상이 불공평해 보였다.
　합격한 친구들에게 밥을 얻어먹고 술을 얻어먹으면서도 늘 취업생각뿐이었다. 그때마다 어떻게 합격을 했는지 노하우를 물어봤고 집으로 돌아오면 그 노하우들을 분석하기도 했다. 그 당시에는 취업에 왕도가 없어 보였다. 어떻게 해야 취업을 할 수 있을지 몰라서 틈만 나면 취업 관련 도서를 읽었고, 취업카페의 글을 읽으며 정보를 모았다. 결국에는 채용의 프로세스를 깨우쳤다. 스펙이 아닌 스토리로 인사담당자들의 입맛을 맞추는 취업의 고수가 된 것이다.

수백 개가 넘는 지원서를 작성했고 나는 지금의 회사에 입사했다. 취업을 준비하는 2년이라는 시간은 20년보다 더 길게 느껴졌다. 서류전형과 면접전형에서 떨어질 때마다 아직도 취업의 감을 못 잡는 것 같았고, 최종 면접에서 불합격하면 세상에서 가장 불운한 사람처럼 느껴졌다. 하지만 나는 절대로 타협하지 않았다. '이 정도 했으면 충분히 열심히 했어. 포기하자. 요즘은 경기가 어렵다니깐 나와 맞지 않는 곳에라도 일단 취업하고 보자.' 이런 생각이 전혀 들지 않았다면 거짓말이다. 달콤한 악마의 유혹에 넘어갈 뻔한 적도 있다. 하지만 그럴수록 긴장의 끈을 놓지 않았고 나의 부족한 점을 객관적으로 들여다봤다.

가장 부족했던 점이 제출에만 급급했다는 것이다. 이력서와 자기소개서를 작성하고, 오탈자가 없는지만 확인한 후 제출한 것이다. 더 중요한 기업분석과 직무에 대한 이해는 하지 않을 채 말이다. 부족한 시간에는 다 이유가 있었다. 게임과 SNS라는 타임킬러 때문이었다.

취업 실패로 자존감이 한창 바닥을 칠 때 나는 가장 즐기던 게임 계정을 삭제했다. 지금 생각해봐도 정말 잘한 것 같다. 게임광이었던 나는 게임을 할 때는 시간 가는 줄 몰랐다. 하지만 게임을 종료하면 허무하기 그지없었다. 현실에서 달라진 점은 없으니 말이다. 게임계정을 삭제하니 낭비되는 시간이 줄었다. 금연한 사람들이 사탕을 찾는 것처럼 게임을 끊으니 다른 오락거리를 찾았고 운이 좋게도 나는 독서의 즐거움을 알게 되었다. 집에서 학교까지는 지하철로 스무 정거장이 넘었는데 그 시간을 활용해 틈새독서를 했고 지하철 안에서 읽은 책들이 취업에서 큰 도움이 되었다.

직장생활을 하는 요즘도 책을 많이 읽는다. 많게는 한 달에 3권, 적어도 한 달에 1권은 읽는다. 책 속에 금은보화는 없지만 잔잔한 지혜들이 잠자고 있다. 월급을 현명하게 쪼개는 방법, 말주변이 없어도 대화를 잘 하는 법, 프레젠테이션에서 떨지 않고 말하는 법 등 책을 통해서 조금씩 간접적인 경험치를 쌓고 있다. 레벨 업을 한다는 생각은 항상 기분을 좋게 만든다. 최근에는 주변 사람들에게 게임보다 독서를 해보라고 권할 정도이다.

고등학생 때에는 수능시험이 끝인 줄로만 알았다. 수능시험에서 높은 점수를 받아야 좋은 대학교에 입학하고, 좋은 대학교에 들어가야지만 좋은 회사에 들어갈 수 있다고 생각했었다. 하지만 수능을 잘 본다고 명문대에 가는 것도 아니었고, 명문대가 아니라고 해서 취업을 못하는 것은 더더욱 아니었다. 그 당시에는 끝이라고 생각하며 준비했던 큰 관문이 끝이 아닌 과정이었던 셈이다. 취업도 마찬가지다. 나는 취업을 하면 끝인 줄 알았다. 남들이 좋은 회사라고 부러워하는 곳에 취업한 사람이 모두 행복한 것은 아니다. 오히려 자신의 진정한 취미를 가지거나 배우고 싶은 것들을 배우며 하루하루를 즐기는 사람이 더 큰 만족감을 가지고 살아간다.

이상한 소리로 들릴지 모르겠지만 지금 열정을 쏟고 있는 취업준비과정을 즐기라고 말하고 싶다. 한번 지나간 순간은 영원히 돌아오지 않는다. 웃으며 준비한 과정이나 불평과 불만으로 가득한 준비과정이나 결과는 크게 다르지 않기 때문이다. 이왕이면 지금 이 순간도 즐기며 헤쳐나가길 바란다.

"힘들 때 웃는 자가 일류다."라는 말을 들어본 적이 있는가? 나는 이 말을 항상 감사한 마음으로 인생을 살라는 뜻으로 해석했다. 인간이라면 매 순간 웃을 수 없다. 인생은 힘든 상황의 연속이기 때문이다. 그래서 인생이라는 큰 그림을 놓고 항상 웃으려고 노력하는 사람이 일류라고 생각한다. 매 순간이 감사하면 웃을 수밖에 없다.

우리 한 사람 한 사람 모두 특별한 사람이다. 자신을 과소평가하지 말기 바란다. 조금 늦어도 괜찮다. 인생에서 '속도'와 '행복'은 큰 상관관계가 없다. 당당하게 취업에 성공하기를 진심으로 기도한다.

정 성 원

**취업하려고 이력서
1,000번 써봤니?**

초판 1쇄 인쇄 2017년 9월 20일
초판 1쇄 발행 2017년 10월 1일

지은이 정성원
펴낸이 우세웅
기획총괄 정우진 · 우민
책임편집 이지현
홍보 · 마케팅 신이원 · 송여울 · 정종천
북디자인 신은경

펴낸곳 슬로디미디어그룹
출판등록 제25100-2017-000035호(2017년 6월 13일)
주소 서울시 서대문구 불광천길 116, 2층(북가좌동)203호
전화 02) 493-7780
팩스 0303) 3442-7780
전자우편 wsw2525@gmail.com(원고 투고)
홈페이지 http://slodymedia.modoo.at
블로그 http://slodymedia.me
페이스북 · 인스타그램 slodymedia

Copyright ⓒ slodyMedia, 2017

ISBN 979-11-961296-4-4 13190

※이 책은 슬로디미디어와 저작권자의 계약에 따라 발행한 것으로 본사의 허락 없이는 무단전재와 복제를 금하며, 이 책 내용의 전부 또는 일부를 사용하려면 반드시 저작권자와 슬로디미디어의 서면 동의를 받아야 합니다.
※잘못된 책은 구입하신 서점에서 교환해 드립니다.

이 도서의 국립중앙도서관 출판예정도서목록(CIP)은 서지정보유통지원시스템 홈페이지(http://seoji.nl.go.kr)와 국가자료공동목록시스템(http://www.nl.go.kr/kolisnet)에서 이용하실 수 있습니다.
(CIP제어번호 : CIP2017024051)